高等职业教育道路桥梁工程系列创新教材

道路工程识图与绘图习题集

主编　高恒聚

北京邮电大学出版社
www. buptpress. com

内容简介

本书内容精练、图文并茂，理论结合实际，例题丰富，注重识图训练，旨在全面提高学生的应用能力。全书主要内容包括道路工程基本制图标准，绘图工具及用品，几何作图，投影的基本知识，点、直线、平面的投影，形体的投影，轴测投影图，剖面图和断面图，钢筋混凝土结构图，道路路线工程图，桥梁工程图，涵洞工程图，隧道工程图。本书配套有《道路工程识图与绘图习题集》。

本书可作为高职高专院校道路桥梁工程技术专业及相关专业的教材，也可供相关技术人员参考使用。

图书在版编目(CIP)数据

道路工程识图与绘图/高恒聚主编. —北京：北京邮电大学出版社，2014.12(2021.7 重印)

ISBN 978-7-5635-4124-9

Ⅰ.①道… Ⅱ.①高… Ⅲ.①道路工程—工程制图—高等职业教育—教材 Ⅳ.①U412.5

中国版本图书馆 CIP 数据核字(2014)第 197500 号

书　　名：道路工程识图与绘图
主　　编：高恒聚
责任编辑：邹　莹
出版发行：北京邮电大学出版社
社　　址：北京市海淀区西土城路 10 号(邮编：100876)
E-mail：publish@bupt.edu.cn
经　　销：各地新华书店
印　　刷：大厂回族自治县聚鑫印刷有限责任公司
开　　本：787 mm×1 092 mm　1/16
印　　张：25.75
字　　数：627 千字
版　　次：2014 年 12 月第 1 版　2021 年 7 月第 5 次印刷

ISBN 978-7-5635-4124-9　　定　价：72.00 元(含习题集)

前　言

《道路工程识图与绘图习题集》是《道路工程识图与绘图》的配套习题集，为了便于使用，本习题集的内容和编排顺序与配套教材一致。

本习题集注重实用性与内容的全面性，习题选择与安排以应用为目的，以“必需、够用”为原则，强调对学生实践能力的培养。

本习题集共分13个模块，主要内容包括道路工程基本制图标准，绘图工具及用品，几何作图，投影的基本知识，点、直线、平面的投影，形体的投影，轴测投影图，剖面图和断面图，钢筋混凝土结构图，道路路线工程图，桥梁工程图，涵洞工程图，隧道工程图。习题集除可供学生练习之外，还能拓展学生的知识和应用能力。

本书由石家庄铁道大学四方学院高恒聚主编，河北联合大学马立杰、石家庄铁道大学四方学院张琰、重庆理工大学胡蓉任副主编。参加本书编写的还有石家庄铁道大学四方学院张超、张聚昆，中国铁建电气化局第二工程有限公司莫青，石家庄市第二建筑设计院刘银龙，本书中大量图片整理工作由高航、魏素霞完成。

由于编者水平有限，书中难免存在疏漏和不当之处，敬请读者批评指正。

编　者

目　　录

模块 *1*　道路工程基本制图标准

班级________　姓名________　学号________

1-1　工程字体练习(一)。

道路桥道涵学学画法几何及工程制图正投影法平立侧城柱

主俯仰前后左右旋转方向局部放大视剖断面折裂比例阳台

根据由作轴圆球环锥倾斜度展开示意尺寸标注厘毫米台体

班级________　姓名________　学号________

1-1　工程字体练习(二)。

比例尺长宽厚度标高形状防水体积轴线垂直机械材料散铰链保护顺水吊顶平拱窗

路桥梁隧道素土夯实热风煤气暖电动质量地基础习力脚素坡度雨水口盖沟檐变形

物理结构施房屋车间门窗柱墙砧瓦砂石混凝土浆涂抹练桥台桥墩基础地基温度面

路基沥青砂石碎土水泥砂浆混合砂浆刚木平位剖面承重结构三合土石灰混凝土散

班级________　姓名________　学号________

1-1　工程字体练习(三)。

A B C D E F G H J K L 1 2 3 3 5 6 7 8 9 0

M N O P R S T U W X Z Q

Y b c d e f g h f k

班级________　姓名________　学号________

1-2　在指定位置处，按照原样画出各种图线和图形。

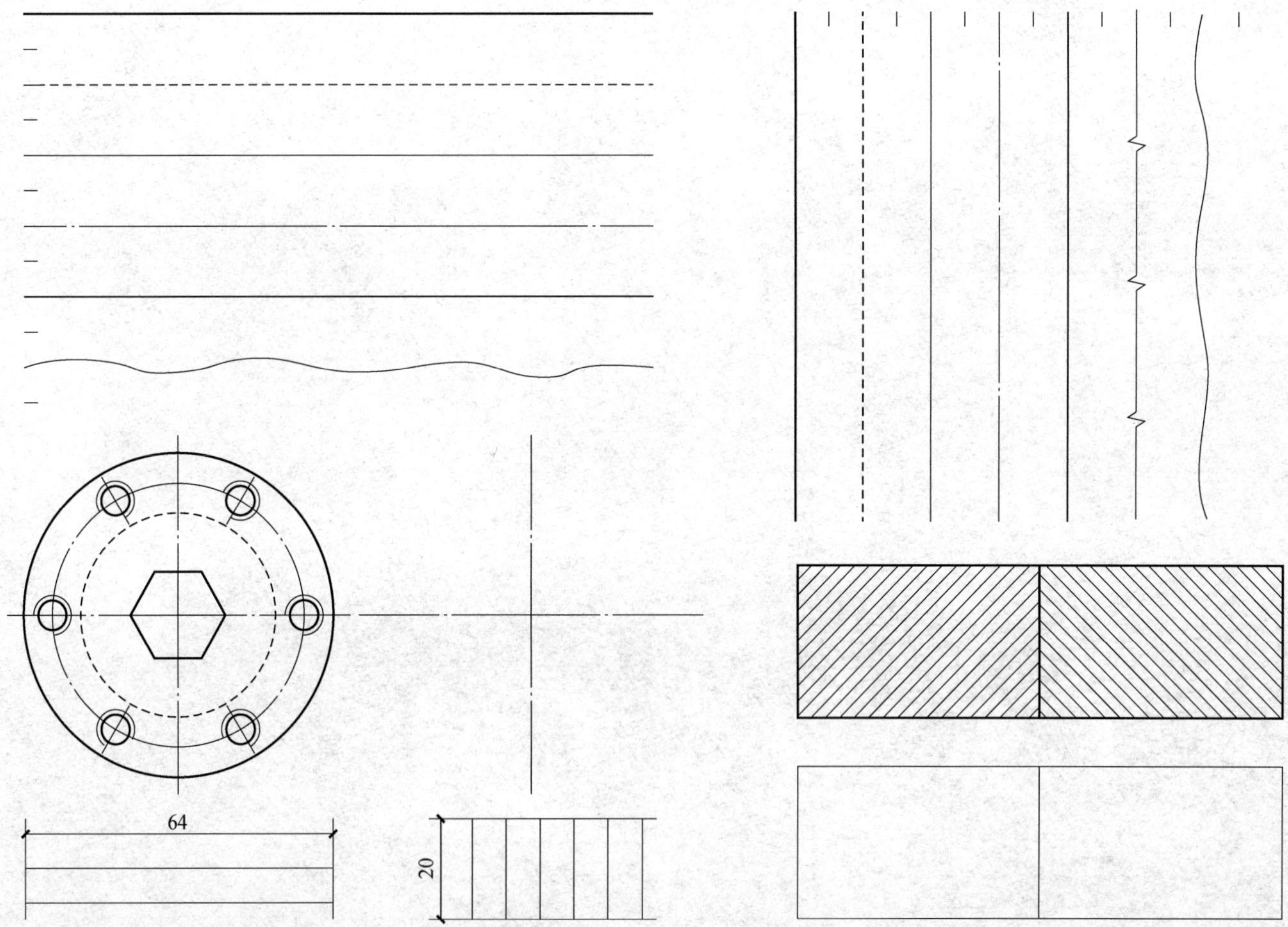

班级________　姓名________　学号________

1-3　在指定位置处，按照原样写出图例名称并画出各种图例（一）。

序　号	名　称	图　例	名　称	绘制图例
1	自然土壤			
2	夯实土壤			
3	砂、灰土	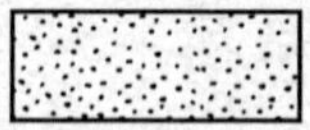		
4	砂砾石、碎砖三合土	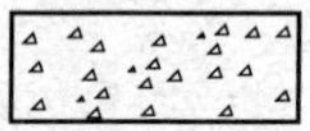		
5	钢筋混凝土			
6	毛石	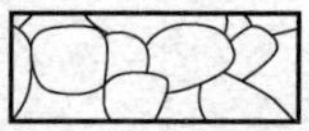		
7	普通砖	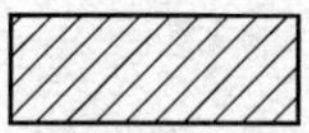		
8	空心砖	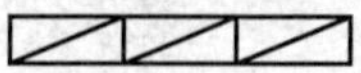		
9	混凝土	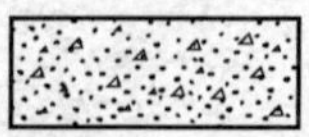		

班级________　姓名________　学号________

1-3　在指定位置处，按照原样写出图例名称并画出各种图例（二）。

序　号	名　称	图　例	名　称	绘制图例
10	毛石混凝土	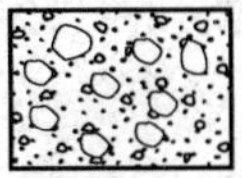		
11	道路	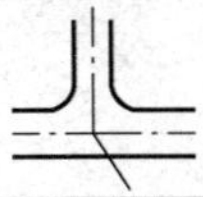		
12	公路桥	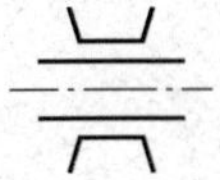		
13	砖石、混凝土围墙	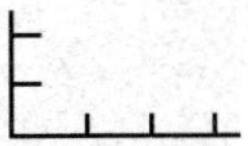		
14	河流			
15	等高线			
16	边坡	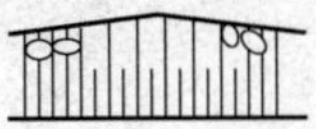		
17	填挖边坡	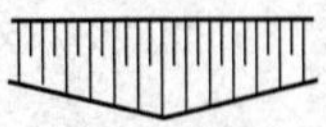		

班级________　姓名________　学号________

1-4　标注尺寸。数值在图中直接量取，以毫米 (mm) 为单位，用 3.5 号字书写。

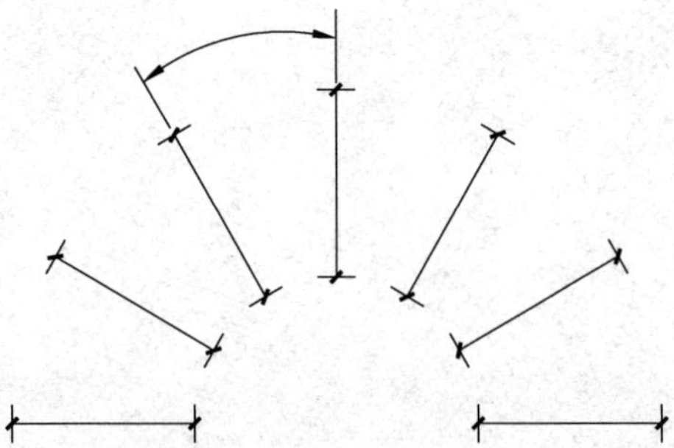

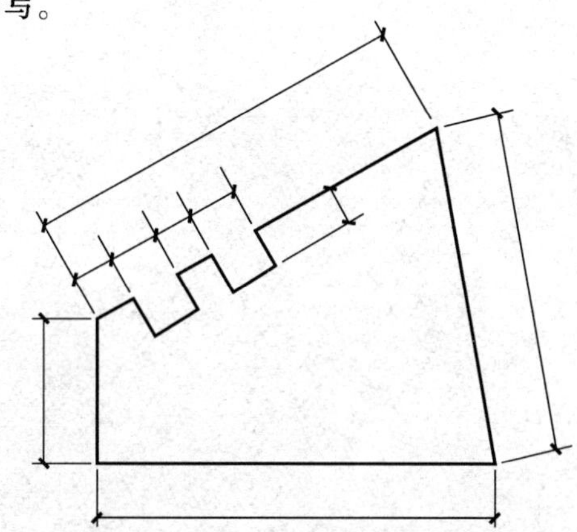

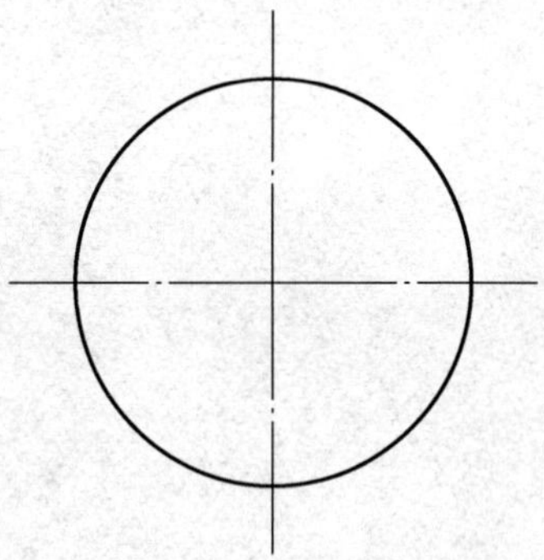

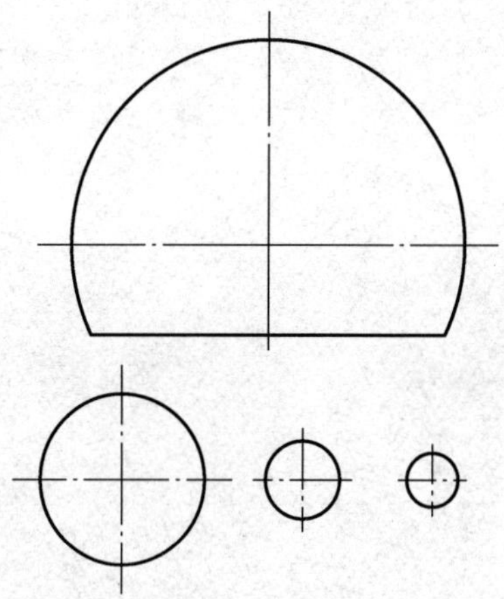

班级________　姓名________　学号________

1-5　下图为某施工图纸的一部分，请将其中错误的尺寸标注改正过来（在原图上改）。

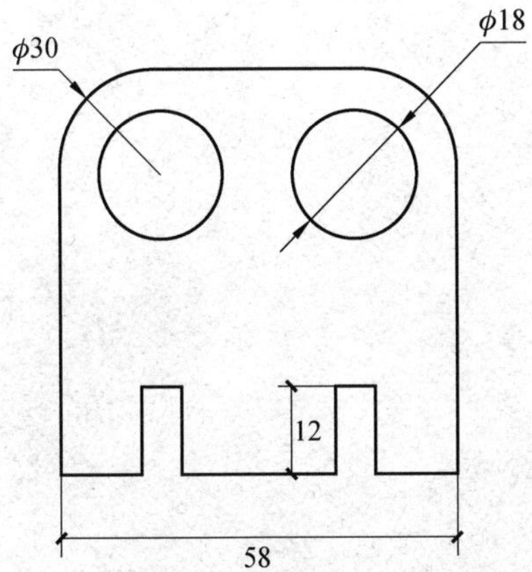

1-6　下图为某立交桥图纸的一部分，请将尺寸标注重新标注一遍。

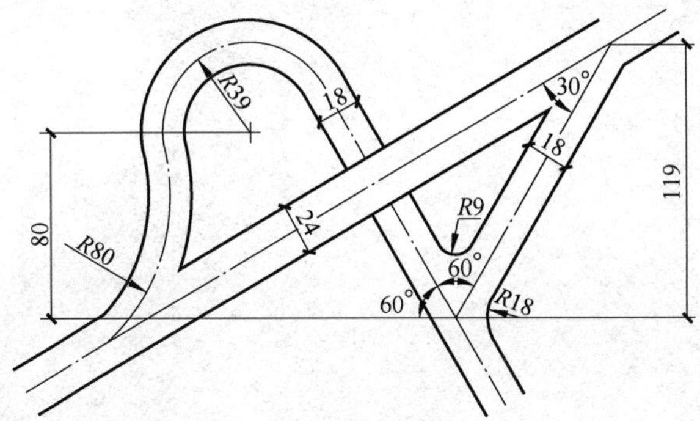

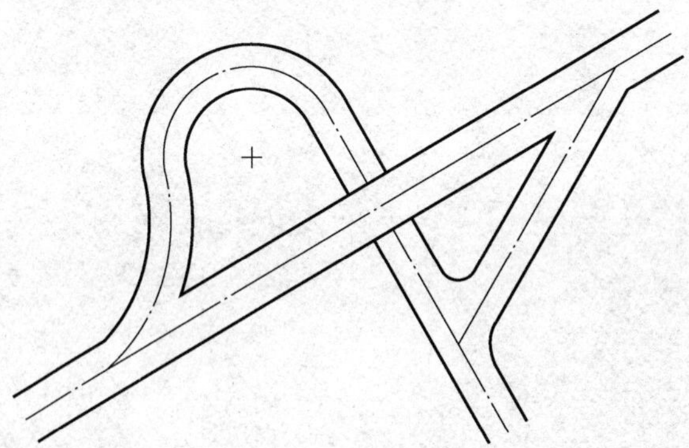

模块 2　绘图工具及用品

班级________　姓名________　学号________

2-1　分析下图中的图纸在图板中的位置是否为最好，最理想的位置是什么？

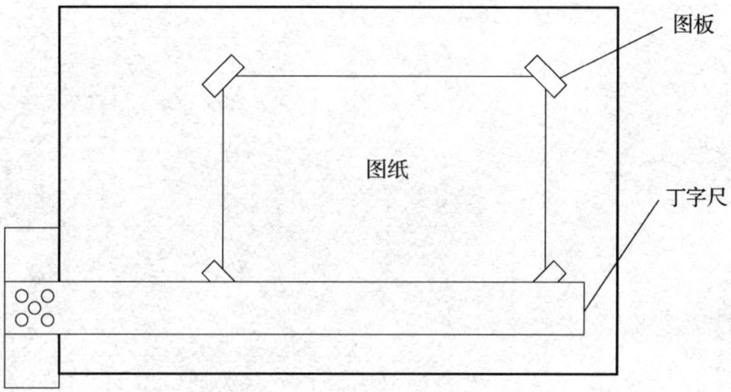

2-2　下图是什么绘图工具？如何使用？

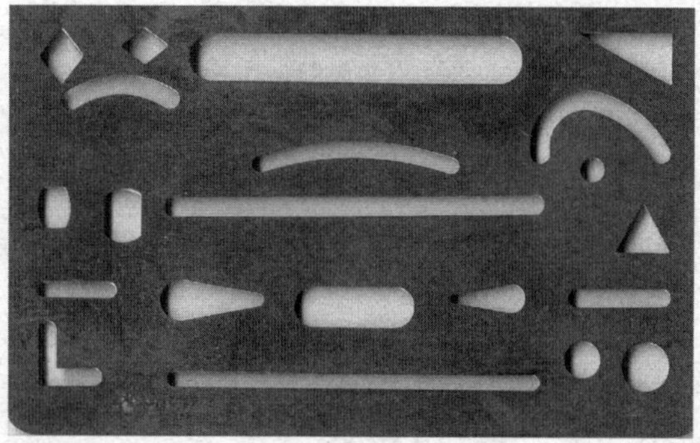

班级________　姓名________　学号________

2-3　填空。

1. 绘图铅笔用标号表示铅芯的软硬程度。标号中 H 表示(　　　　)，B 表示(　　　　)。H 或 B 前面的数字越大表示越硬或越软。HB 表示不硬不软。绘图时常用(　　　　)铅笔打底稿，用(　　　　)铅笔写字和徒手画图，用(　　　　)铅笔加深描粗图线。

2. 看下图填空。固定图纸用的(　　　　)、扫橡皮末用的(　　　　)、磨铅芯用的(　　　　)、为提高绘图质量和速度用的模板等都是绘图必不可少的工具。

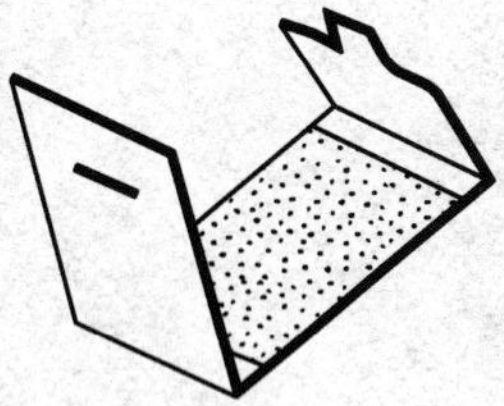

砂纸

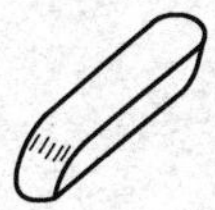

橡皮

透明胶带

毛刷

模块 3　几 何 作 图

班级________　姓名________　学号________

3-1　将直线段 AB 六等分。

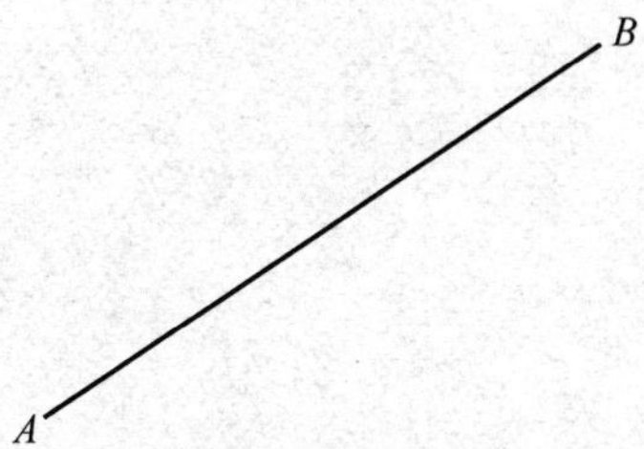

3-2　将 AB、CD 两平行线之间的距离五等分。

3-3　按右上角的图例平分圆。

(1)

(2)

班级________　姓名________　学号________

3-4　参照图例，用自定的尺寸作圆弧连接。

(1)

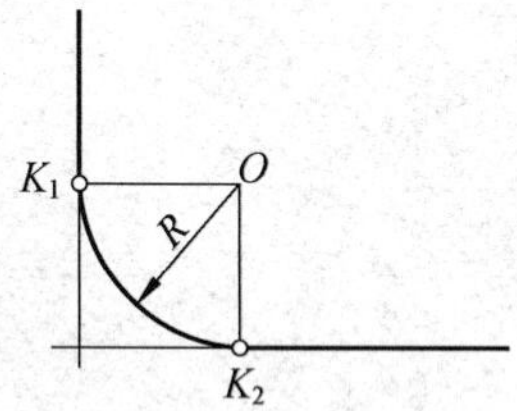

(2)

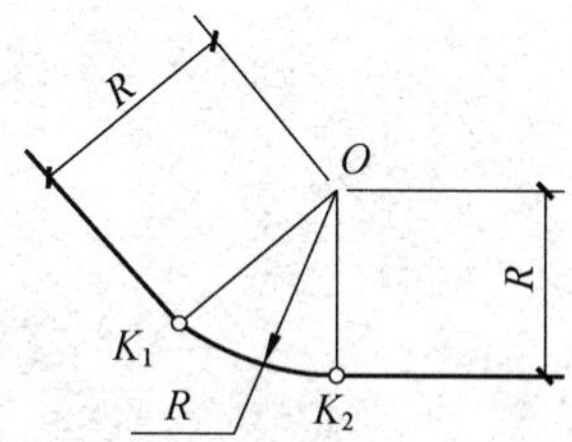

3-5　参照示意图作斜度为 1 ∶ 4 的图形。

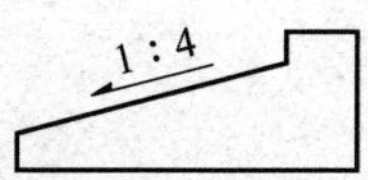

3-6　按 1 ∶ 1 的比例抄画下面的图形。

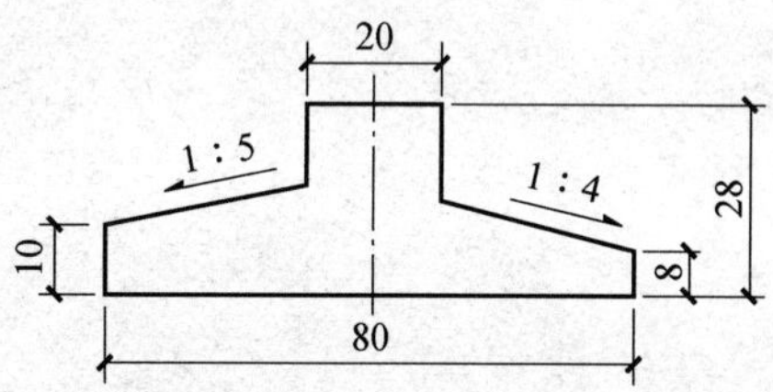

班级________ 姓名________ 学号________

第一次大作业指示书

一、目的

(1) 熟悉制图基本标准(图幅、字体、线型、尺寸标注、材料图例等)。

(2) 掌握各种线型、材料的画法及常用的几何作图方法。

(3) 掌握常用制图工具的使用方法及仪器作图的操作方法和技能(布图、画底稿、铅笔描深等)。

(4) 掌握平面图形的尺寸分析和画图步骤。

(5) 初步养成严肃认真、耐心细致的作风和作图习惯。

二、图名和图号

(1) 图名:基本作图。

(2) 图号:03-01。

(3) 绘图比例:1∶1。

三、内容及要求

1. 内容

用铅笔在A3的图纸上(横放)按1∶1的比例抄绘习题集第29页的平面图形。

2. 要求

(1) 线型。粗实线的宽度为 b=0.7 mm,虚线、细实线、尺寸线等的宽度和规定画法参见教材。

(2) 字体。数字一律采用3.5号字。标题栏中的汉字一律用长仿宋字,图名用10号字、校名用7号字、班级学号用3.5号字,其余用5号字。字体的写法参见教材。

(3) 图面质量。要求作图准确、正确;图面布置匀称,线型粗细分明;圆弧连接光滑圆顺;材料图例醒目清晰;尺寸正确、布置整齐;字体工整;图面整洁。

四、绘图步骤及说明

1. 做好画图前的准备

仔细阅读教材和作业指示书,熟悉本次作业的目的、要求及内容。作好画图前的各项准备工作,如削好铅笔、清洁绘图工具及仪器、贴好图纸,在A3图幅上画出图框和标题栏。

2. 布图

根据给出的样图,按1∶1的比例均匀地布置图形,并分别写出它们的作图基准。

班级________ 姓名________ 学号________

3. 画底稿

(1) 画底稿时，不分图线粗细，一律用 H 或 2H 铅笔画成细而淡的细实线（以能看清图线为准），虚线和点画线必须按教材规定分别画出它们的底稿线。

(2) 在画底稿时，应准确标出圆弧连接的圆心和切点。

(3) 在画两个图形时，应首先分析哪些是已知线段，哪些是连接线段；作圆弧连接时，要分析它们是外切还是内切，然后找准圆心和切点。画扶手断面时，必须认真阅读教材“平面图形的尺寸分析和线段分析”部分，尤其是看懂有关画扶手断面的各项内容。本图的连接线段与教材中类似例题的不同之处是圆弧 $R9$ 的一端与中间圆弧 $R8$ 相切。圆弧 $R49$ 的一端与圆弧 $R8$ 相切。

4. 校核加深图线

底稿完成后，应仔细校核（可相互校核），同时擦去多余的线条，然后用铅笔描深。描深时必须注意铅笔的选择与削法。加深圆弧所用的铅芯应比加深直线所用的铅芯软一号，这样才能保证颜色深浅一致。建议用 B 铅笔描粗实线，2B 铅笔描圆弧，用 HB 铅笔画虚线，用 H 或 2H 铅笔画细实线、点画线。在描深的过程中，应随时削磨笔芯，以保证图线粗细均匀。

5. 标注尺寸

在描深后的图上注尺寸。尺寸注法参见教材。标注尺寸数字前必须画出 3.5 mm 高的两条横格线，以保证整齐统一。绘制横格线时要细而轻，以自己可以看清楚标注为准。

6. 绘制并填写标题栏

按下图尺寸绘制并填写标题栏，写字前应反复练习习题集有关字体，待比较熟练后再填写标题栏。仿宋字体必须按字的高、宽先画好格子，再认真书写。

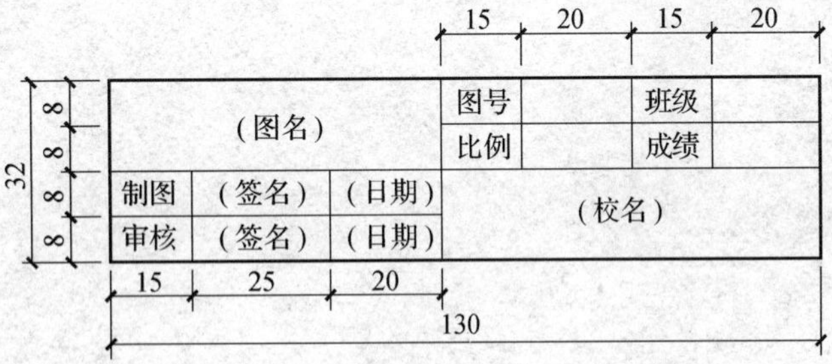

7. 检查和修饰

进行全图检查时，首先用擦图片擦去图线接头中的多余部分，用铅笔填满未接拢部分，然后按各种线型相接或相交的规定画法逐一进行检查和修饰，使图线接头整齐，连接光滑圆顺，图面整洁美观。

班级________ 姓名________ 学号________

第一次大作业图

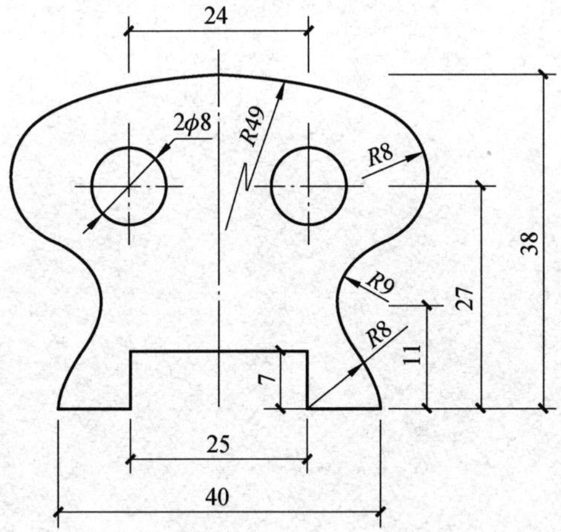

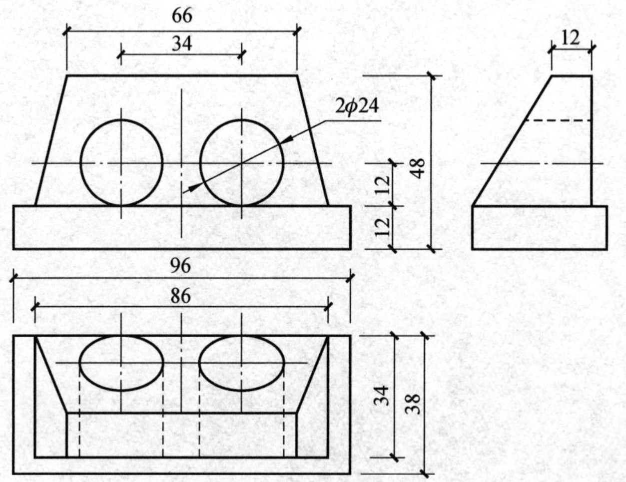

模块 4　投影的基本知识

班级________　姓名________　学号________

4-1　添线补全下列三面投影图。

(1)

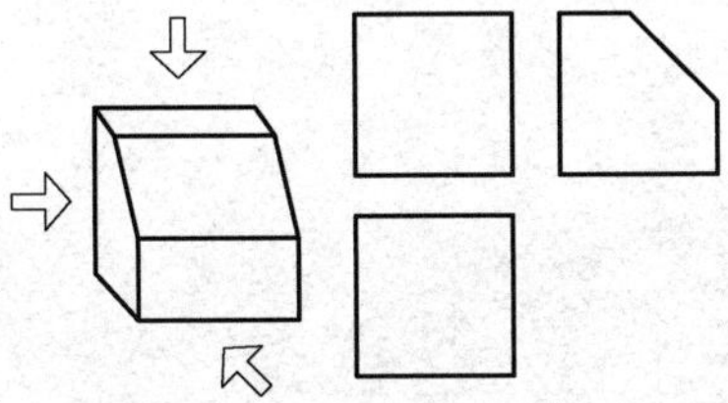

(2)

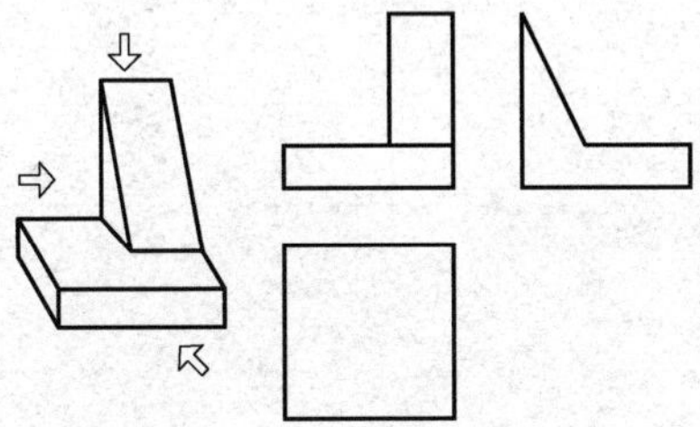

4-2　找出与下列几何体对应的三面投影图,并在对应的三面投影图下面的括号中填上对应的序号。

①　②　③　④

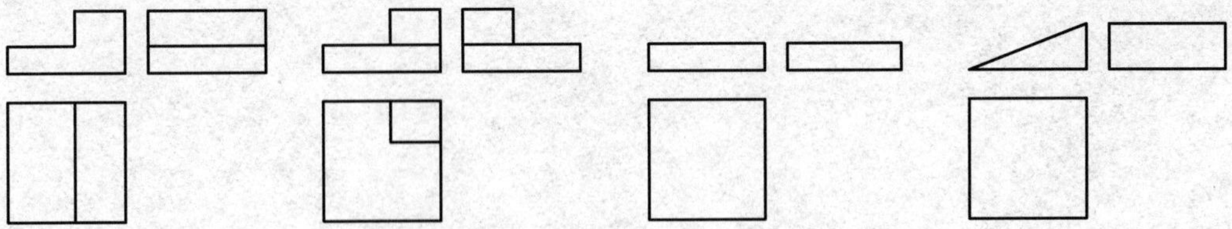

(　)　(　)　(　)　(　)

班级________　姓名________　学号________

4-3　找出与轴测图相对应的三面投影图,在每题的括号内填写轴测图的序号(一)。

(1)

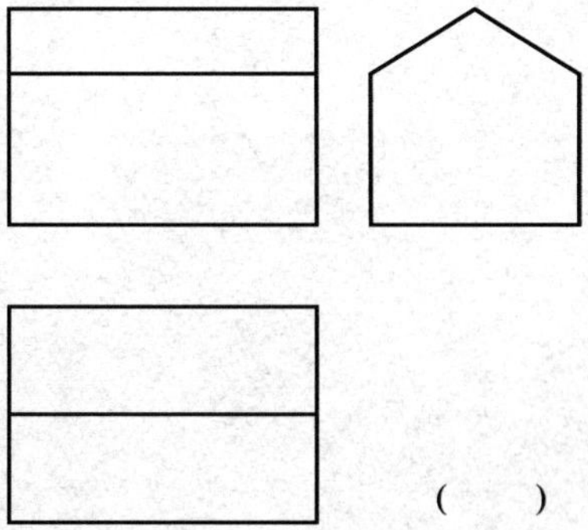

(　　)

(2)

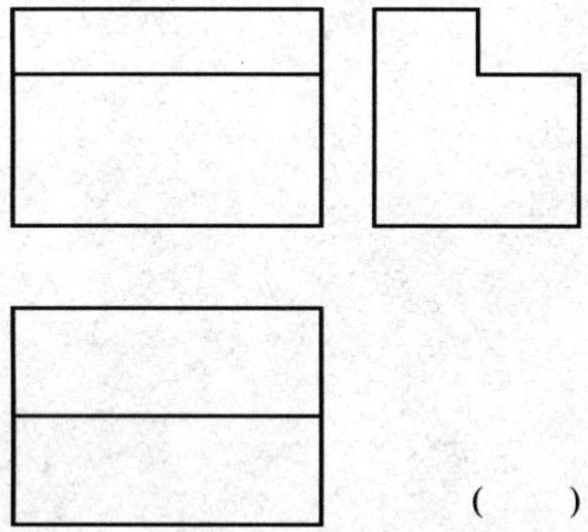

(　　)

(3)

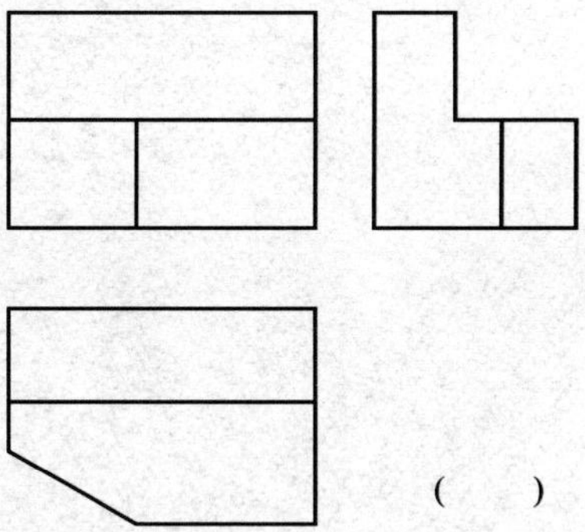

(　　)

(4)

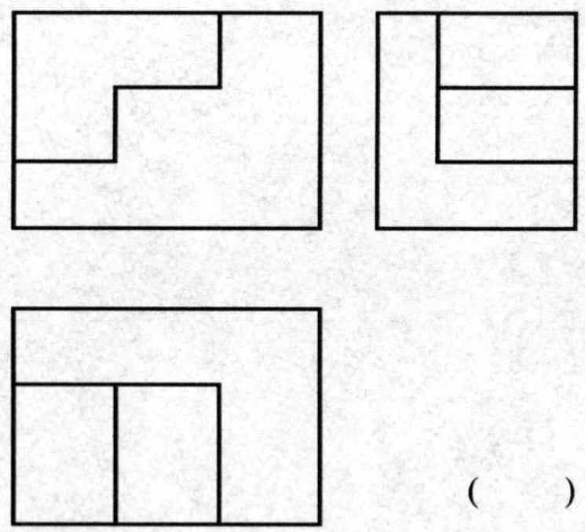

(　　)

①

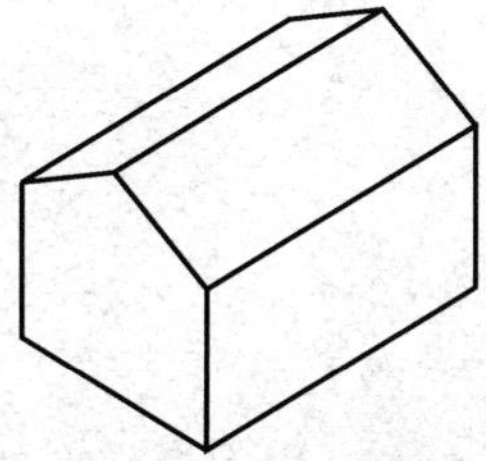

②

③

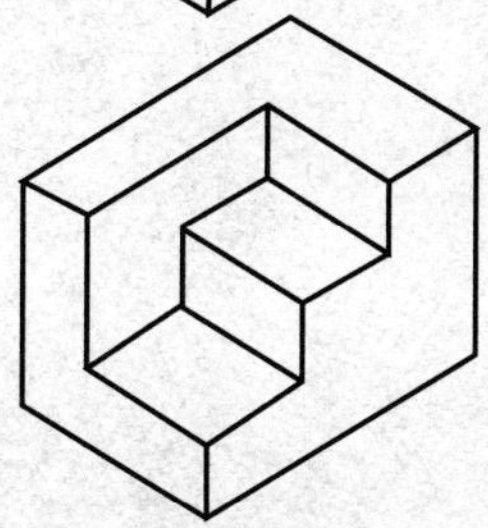

④

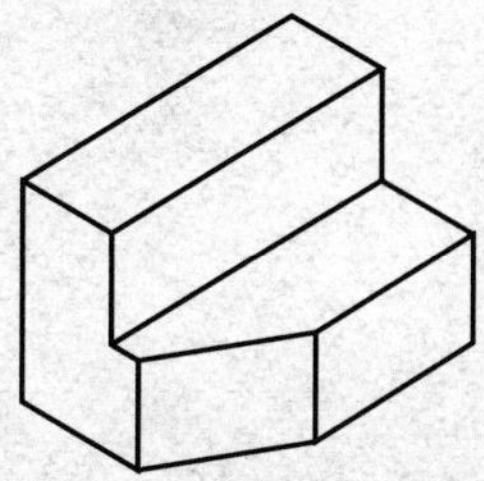

班级________　姓名________　学号________

4-3　找出与轴测图相对应的三面投影图，在每题的括号内填写轴测图的序号（二）。

(1)

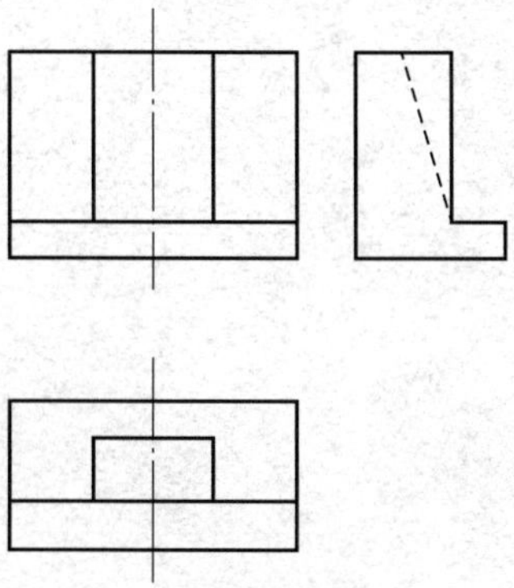

(　　)

(2)

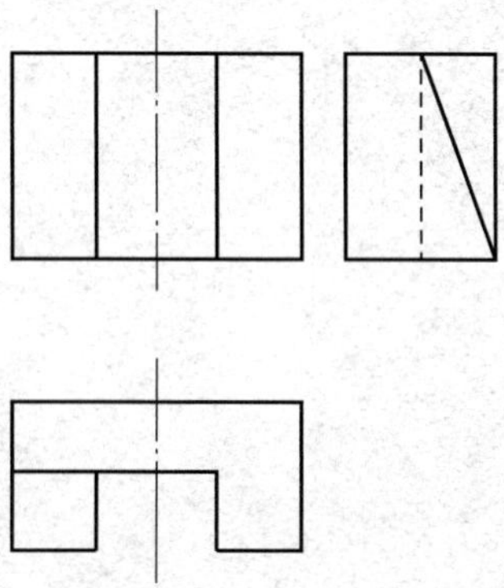

(　　)

(3)

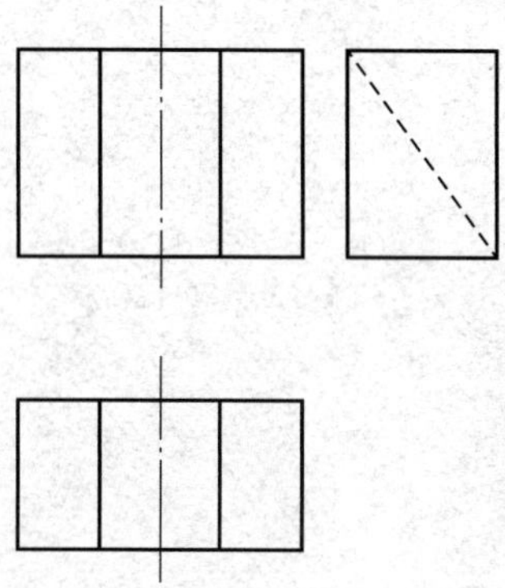

(　　)

(4)

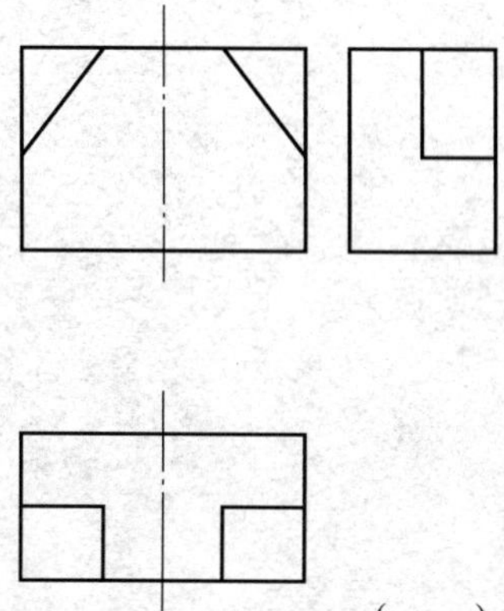

(　　)

(5)

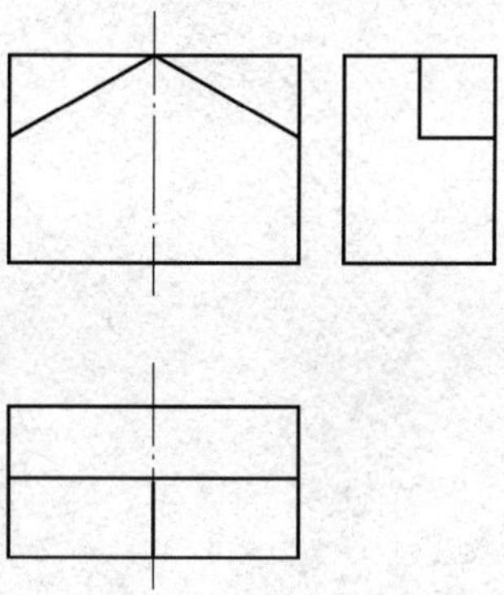

(　　)

(6)

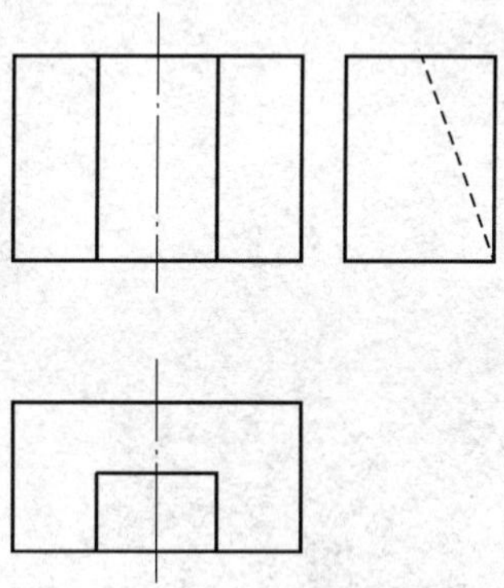

(　　)

(7)

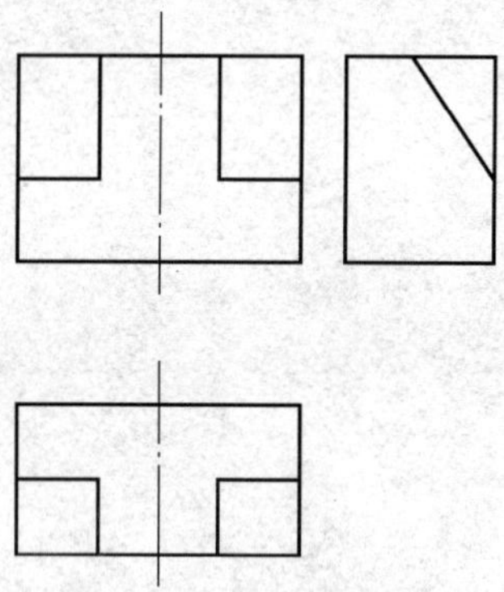

(　　)

(8)

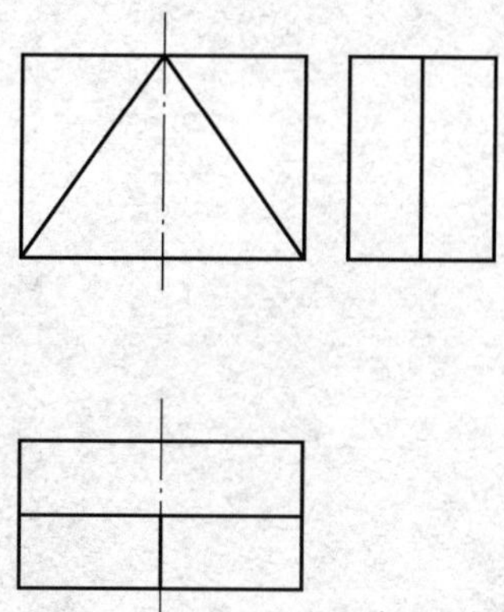

(　　)

班级________　姓名________　学号________

4-3　找出与轴测图相对应的三面投影图，在每题的括号内填写轴测图的序号（三）。

①

②

③

④

⑤

⑥

⑦

⑧

班级________　姓名________　学号________

4-4 根据轴测图找出对应的投影图，并在圆圈内填入轴测图的序号，然后在括号内填写物体的方位。

①

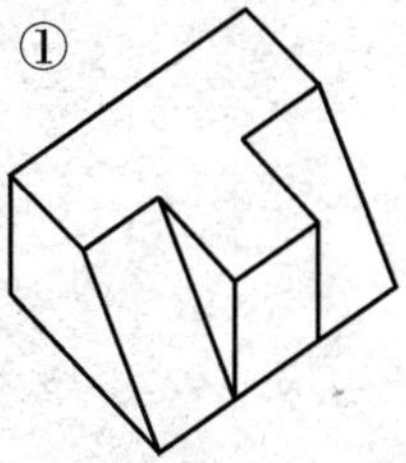

②

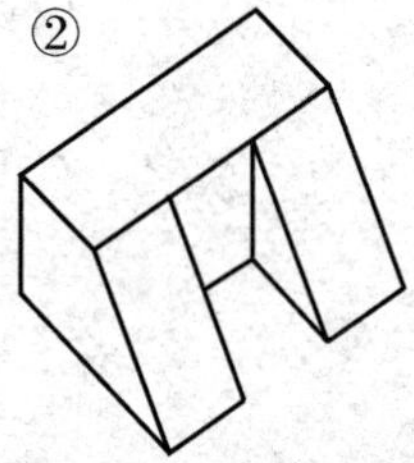

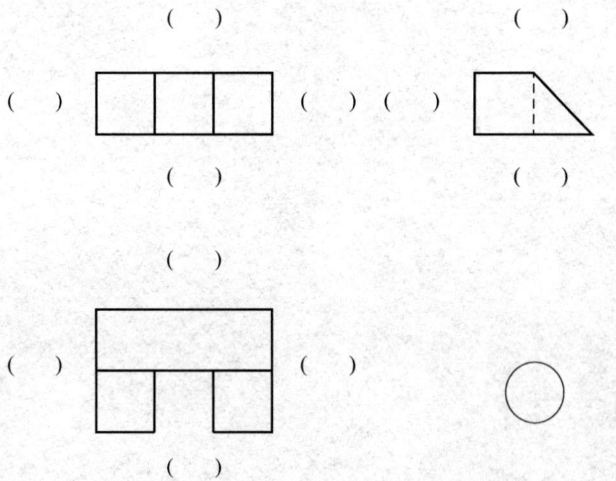

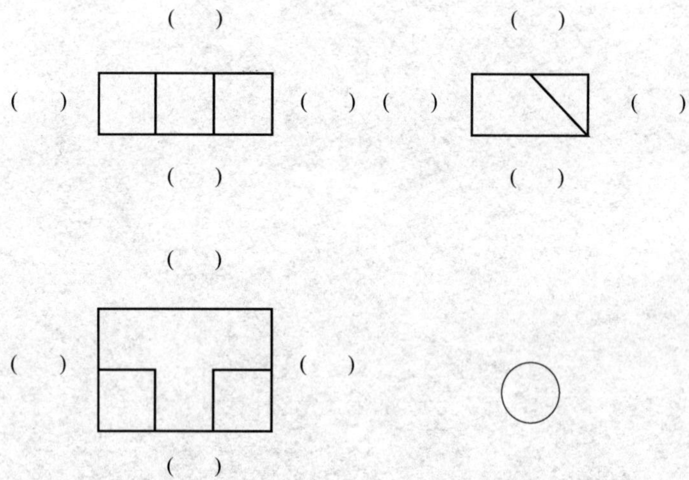

班级________　姓名________　学号________

4-5 补画下列三面投影图中所缺的图线，尺寸在立体图中量取(一)。

(1)

(2)

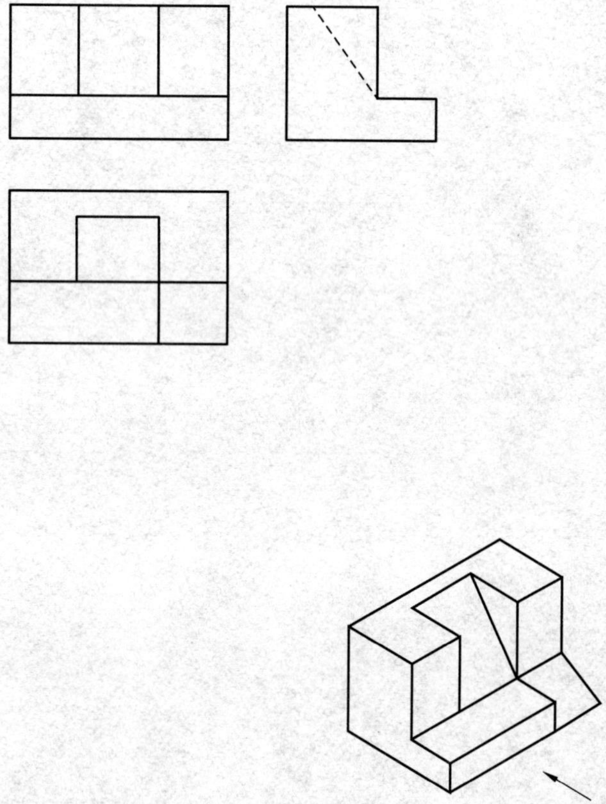

班级________　姓名________　学号________

4-5 补画下列三面投影图中所缺的图线，尺寸在立体图中量取（二）。

(3)

(4)

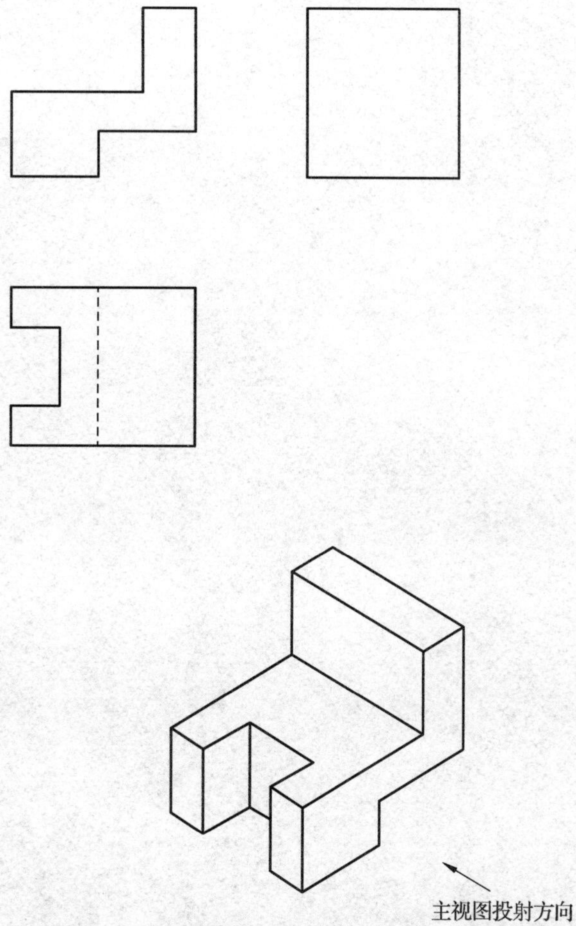

班级________　姓名________　学号________

4-6　根据直观图,完成物体的三面投影图(一)。

(1)

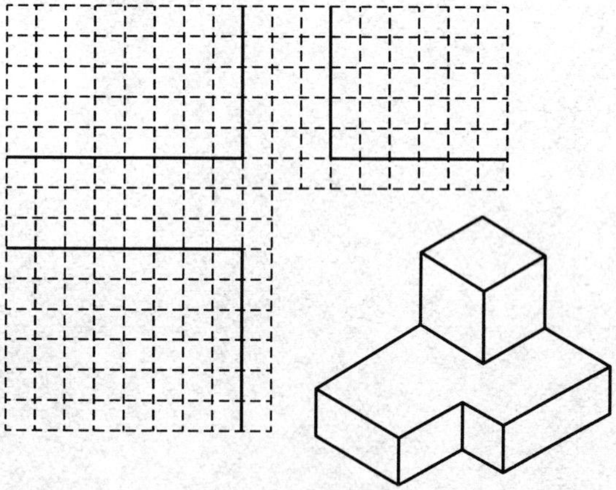

(2)

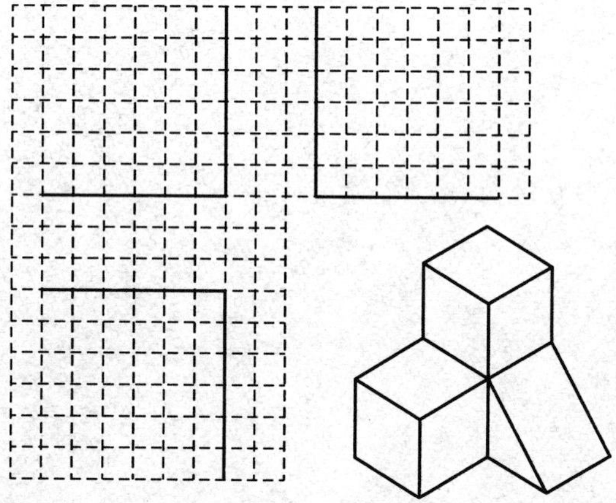

(3)

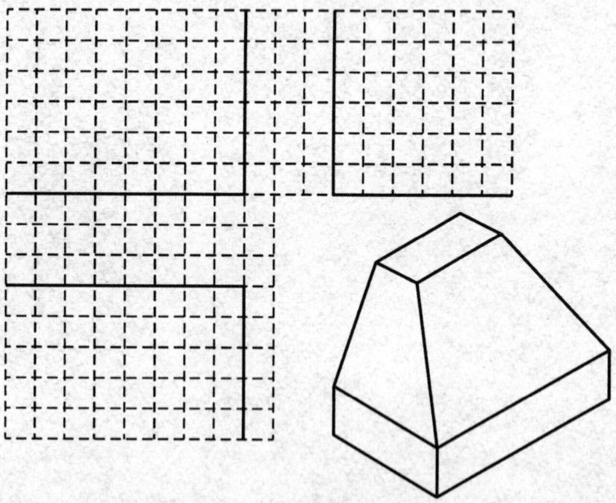

(4)

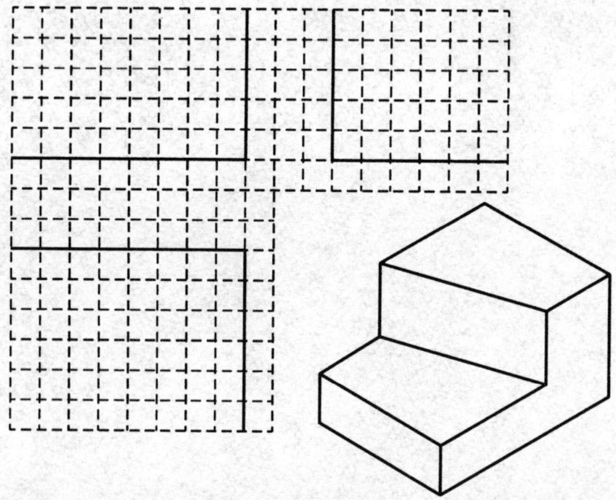

班级________　姓名________　学号________

4-6 根据直观图,完成物体的三面投影图(二)。

(5)

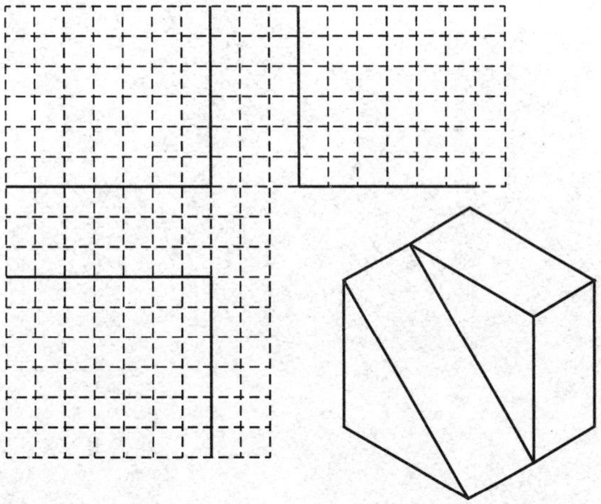

(6)

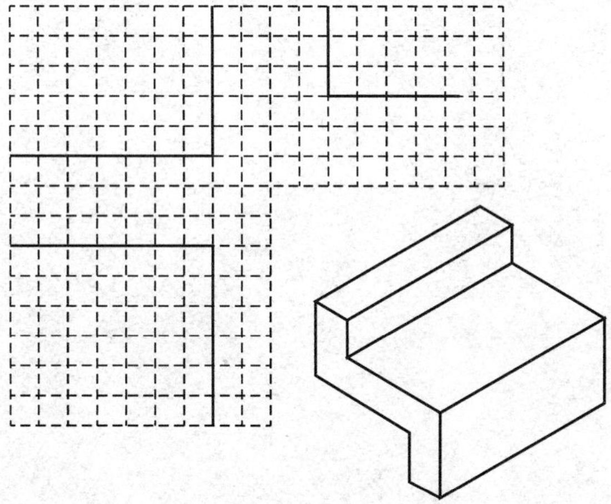

(7)

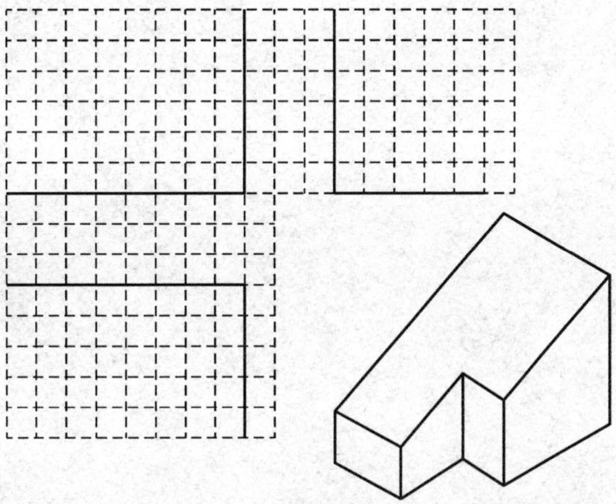

(8)

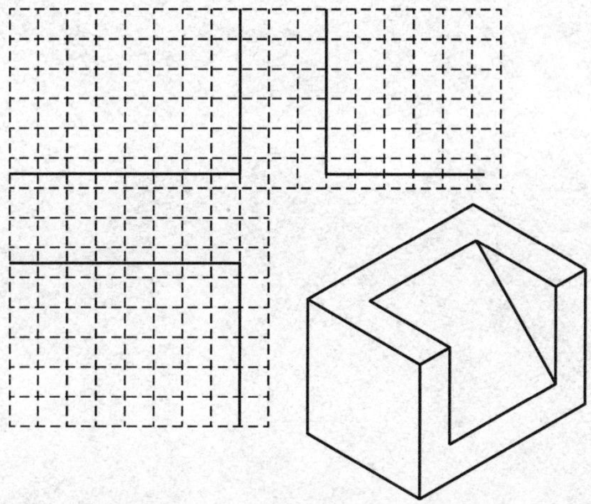

班级________　姓名________　学号________

4-7　在立体图的左上方画三视图（一）。

(1)

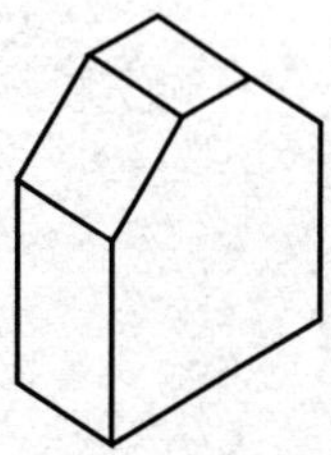

(2)

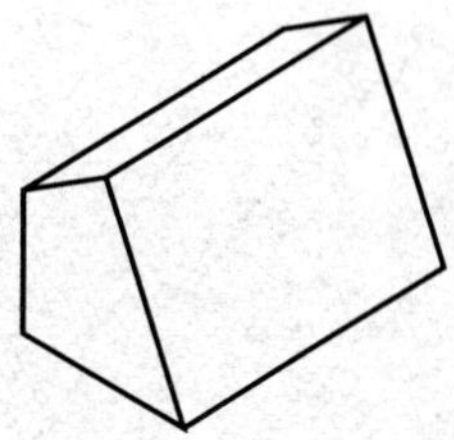

(3)

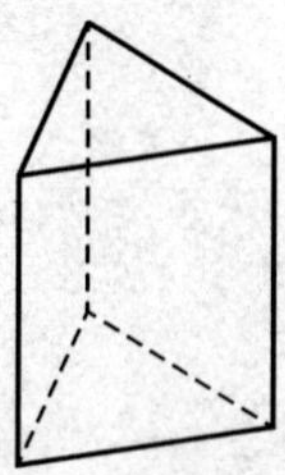

(4)

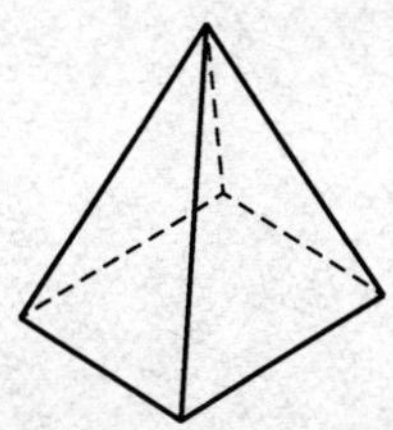

班级________　姓名________　学号________

4-7　在立体图的左上方画三视图(二)。

(5)

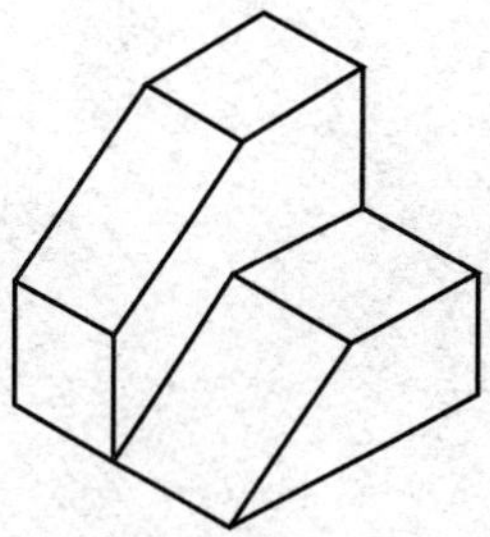

(6)

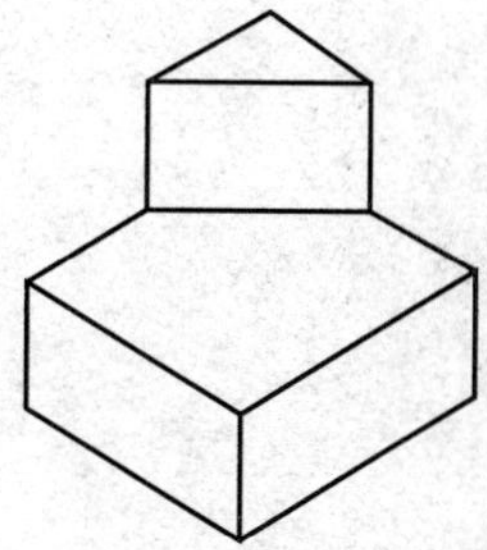

(7)

(8)

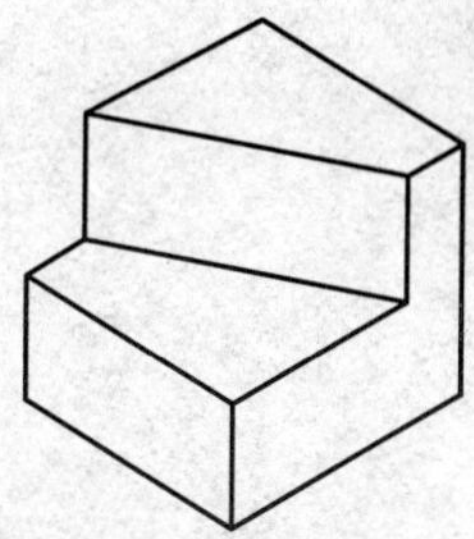

班级________ 姓名________ 学号________

4-8 在右下图的左上方画三视图。

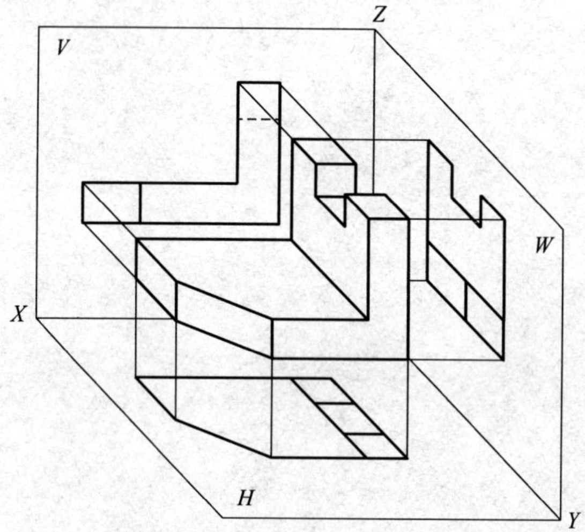

模块 5　点、直线、平面的投影

班级________　姓名________　学号________

5-1　按立体图作各点的三面投影。

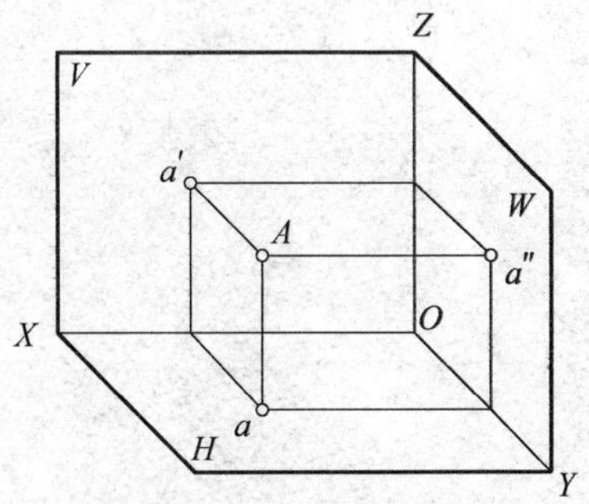

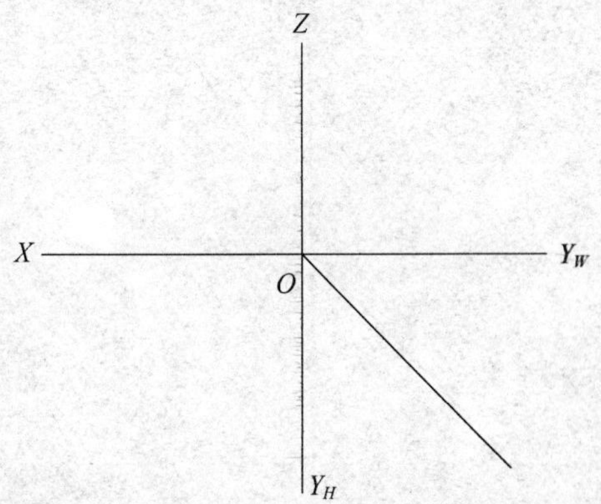

5-2　根据 A、B、C 三点的立体图作出它们的投影图。

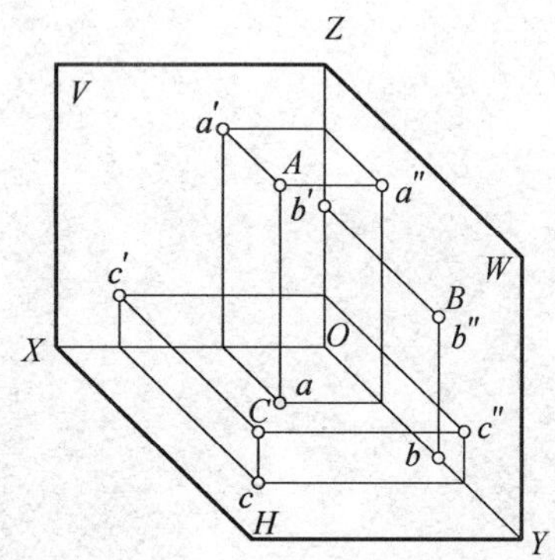

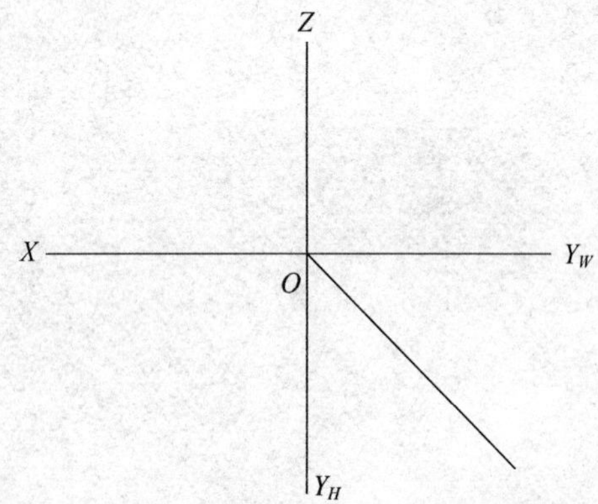

班级________　姓名________　学号________

5-3　按立体图作各点的三面投影。

(1) 已知点 A 距 H 面 16 mm，距 V 面 15 mm，距 W 面 20 mm，求点 A 的三面投影图，并写出它的坐标值。

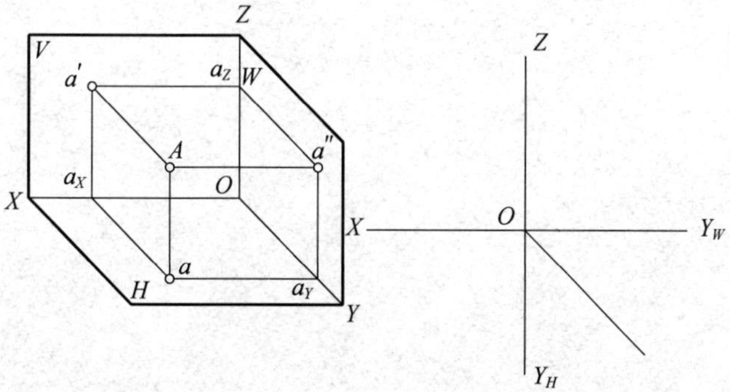

(2) 已知点 B 的坐标为 (18,10,14)，求作点 B 的三面投影图，并说明点 B 到各投影面的距离。

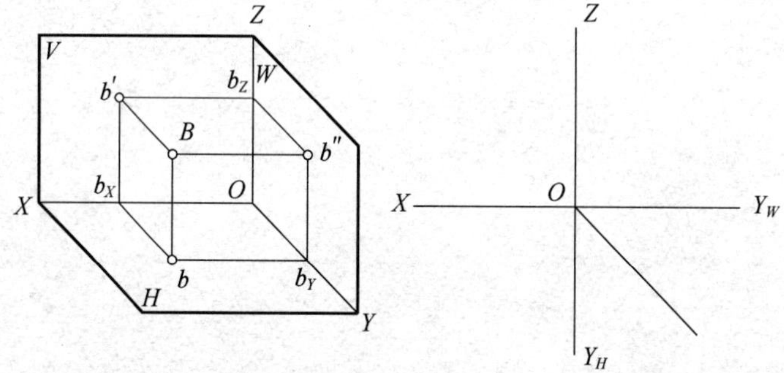

点 B 距 V 面________，点 B 距 H 面________，点 B 距 W 面________。

(3) 已知点的两面投影，求其第三面投影。

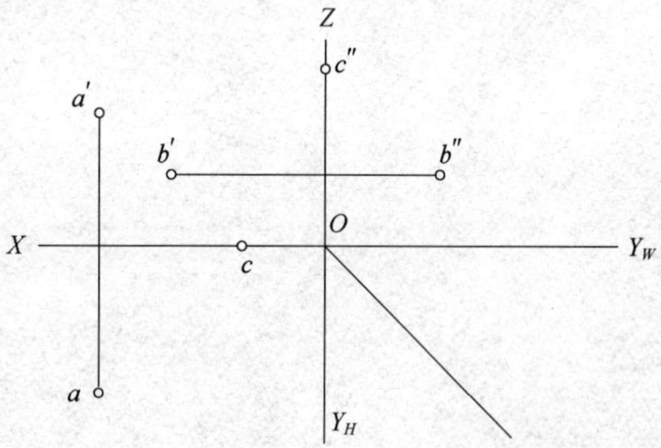

(4) 已知点 E 的三面投影图，求作点 E 的直观图，并写出它的坐标值。

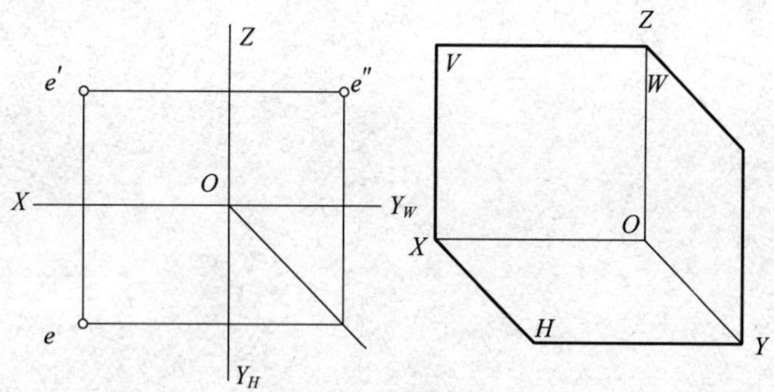

E(　,　,　)

班级________　姓名________　学号________

5-4　已知点 A 的投影，点 B 在点 A 左方 15 mm、前方 25 mm、上方 13 mm，求作点 B 的三面投影。

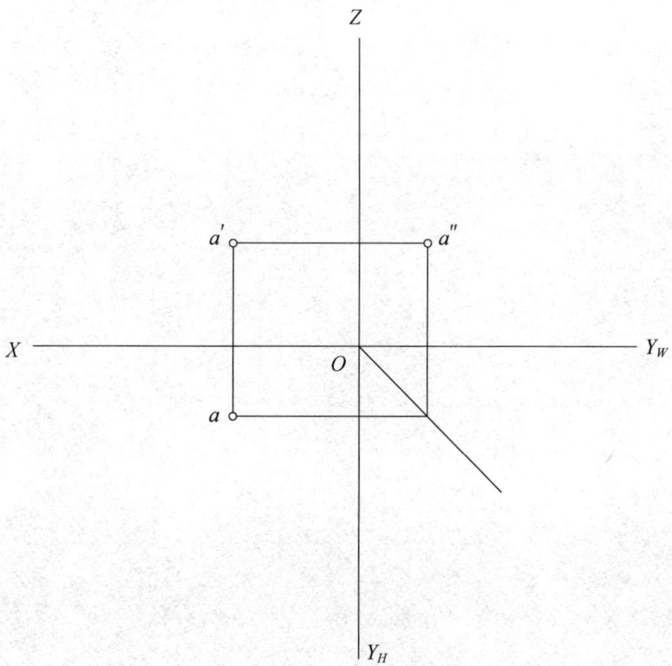

5-5　已知点 B 在点 A 的正左方 15 mm，点 C 与点 A 是对 V 面的重影点，点 D 在点 A 的正下方 20 mm，补全各点的三面投影，并表明可见性。

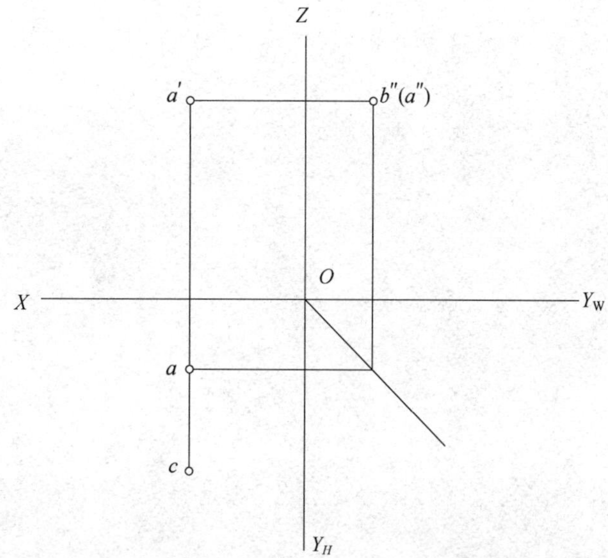

班级________　姓名________　学号________

5-6 判断下列直线对投影面的相对位置，并填写直线类型。

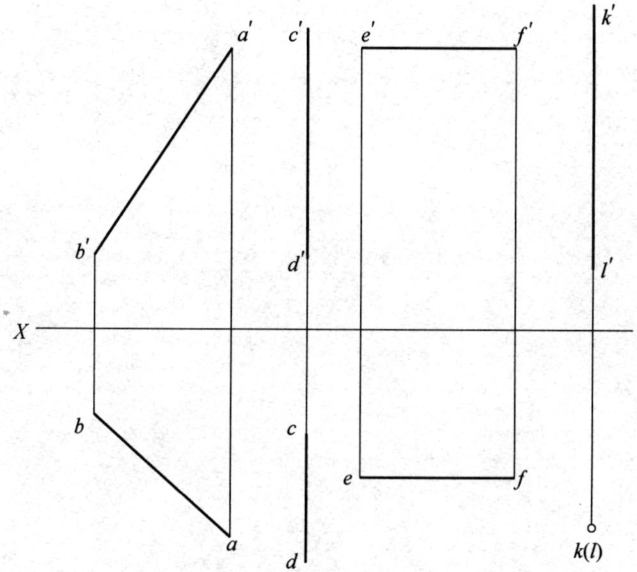

AB 是________线，EF 是________线，

CD 是________线，KL 是________线。

5-7 根据直线的两面投影求作其第三面投影，并判断直线对投影面的相对位置，并填写直线类型。

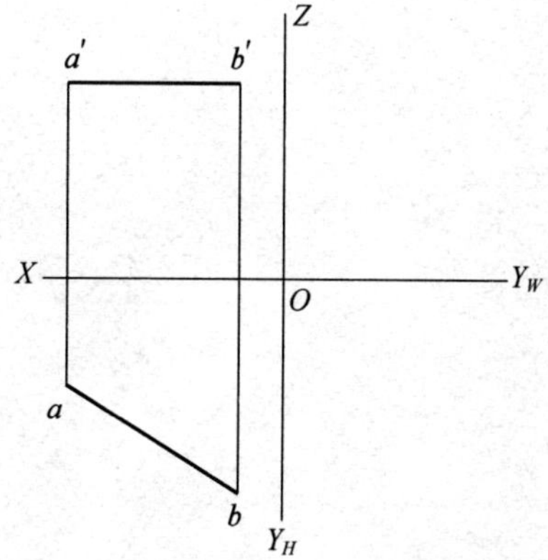

AB 是________线

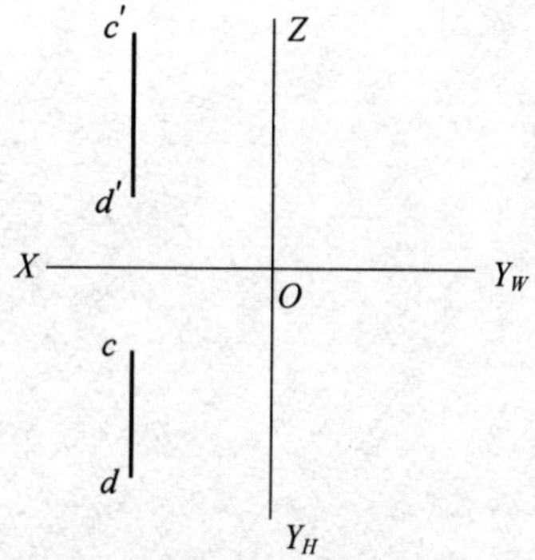

CD 是________线

班级________　姓名________　学号________

5-8　已知直线的两面投影，求作其第三面投影，并说明直线的空间位置及反映实长的投影，同时求出直线上点的投影。

(1)

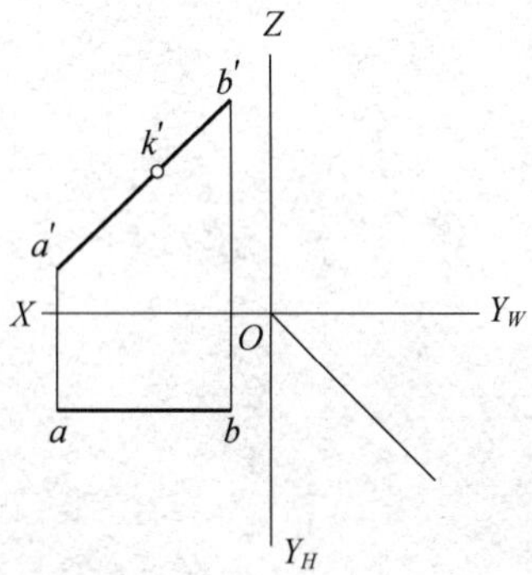

AB 是 ______ 线，

反映实长的投影是 ______。

(2)

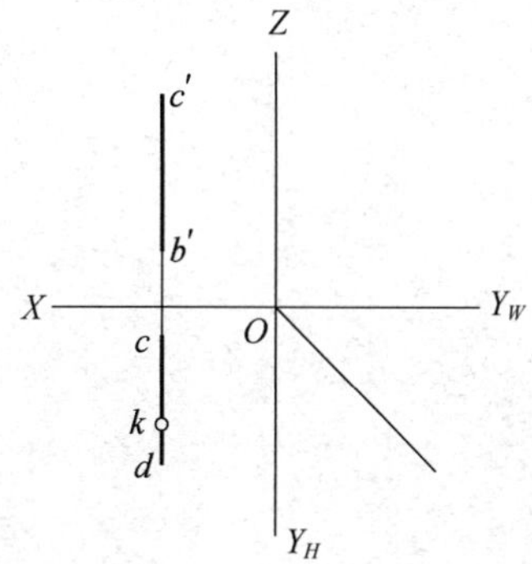

CD 是 ______ 线，

反映实长的投影是 ______。

5-9　已知端点 $A(28,8,5)$，$B(6,18,20)$，求作直线 AB 的三面投影。

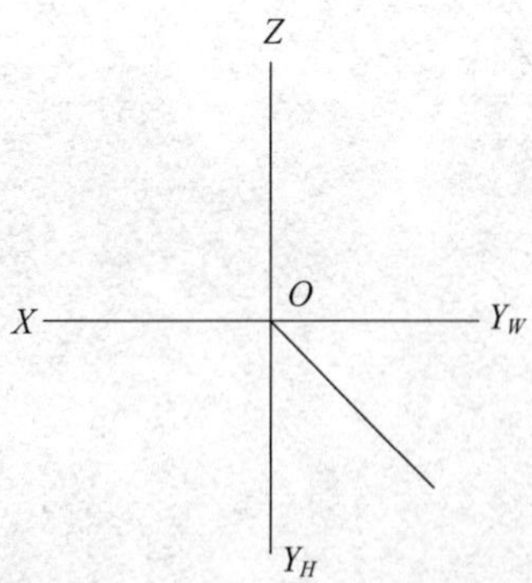

5-10　已知 CD 的两面投影，求作直线 CD 的第三面投影。

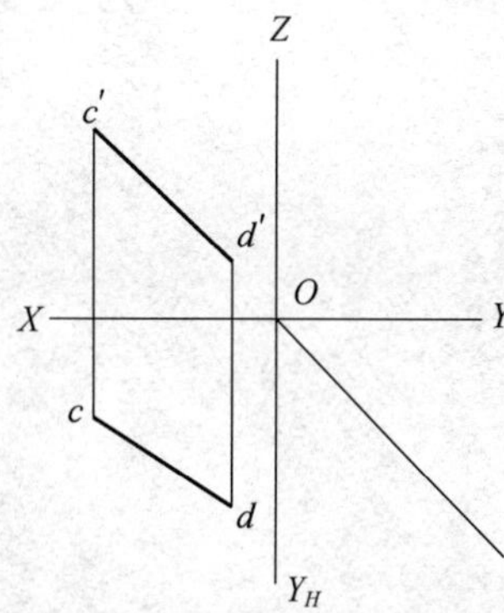

班级________　姓名________　学号________

5-11　写出各直线的相对位置关系。

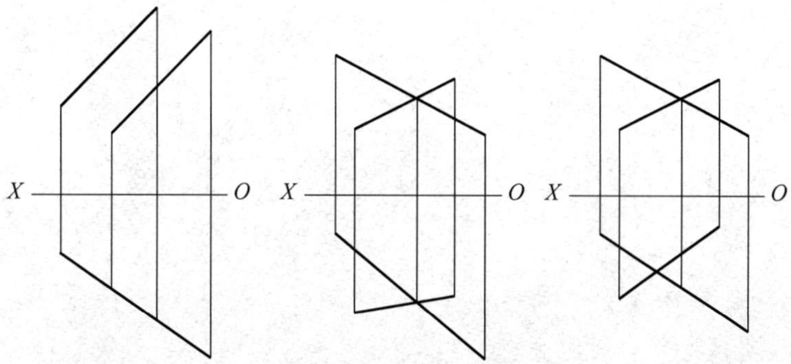

____________　____________　____________

5-12　判别下列平面属于什么位置平面。

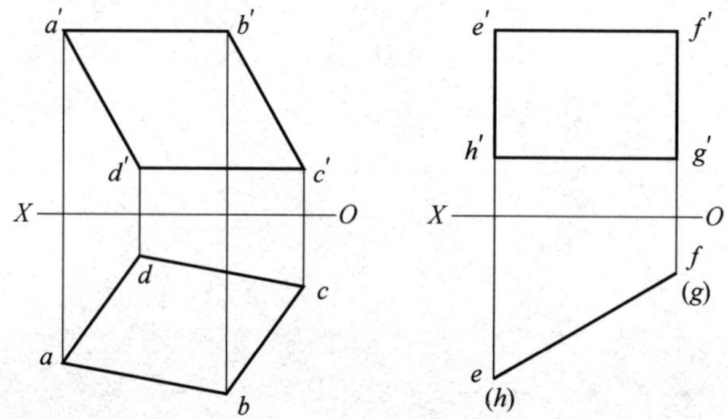

________面　________面

5-13　已知平面图形的两面投影,求作其第三面投影,并说明它是什么位置平面。

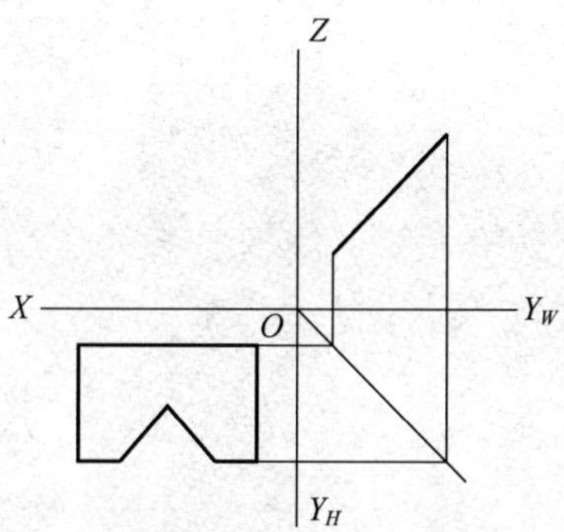

5-14　完成平面五边形的正面投影。

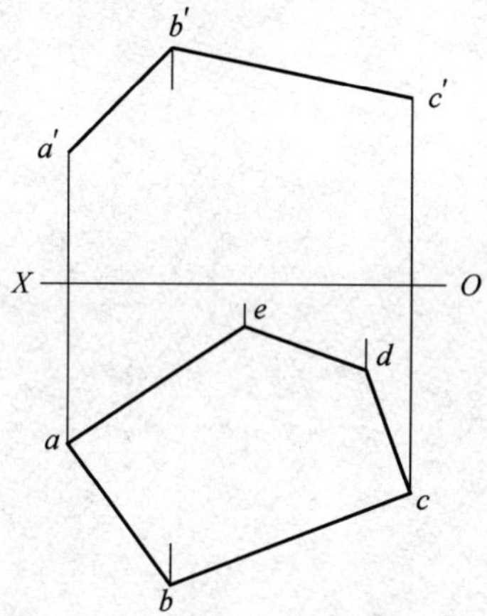

模块 6　形体的投影

班级________　姓名________　学号________

6-1　补画六棱柱的侧面投影。

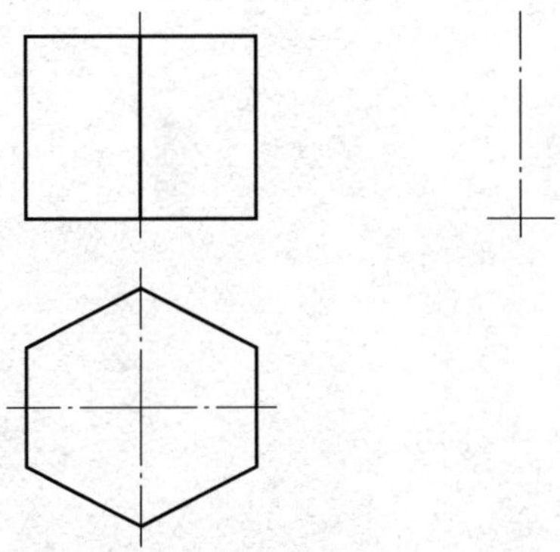

6-2　补画三棱柱的平面投影。

6-3　补画三棱锥的侧面投影。

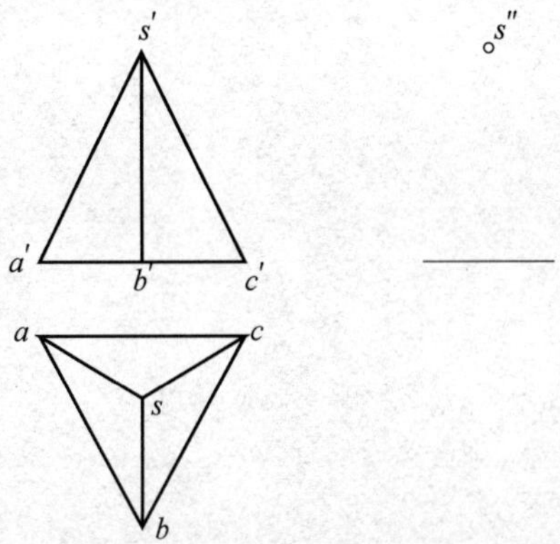

6-4　补画棱台的侧面投影。

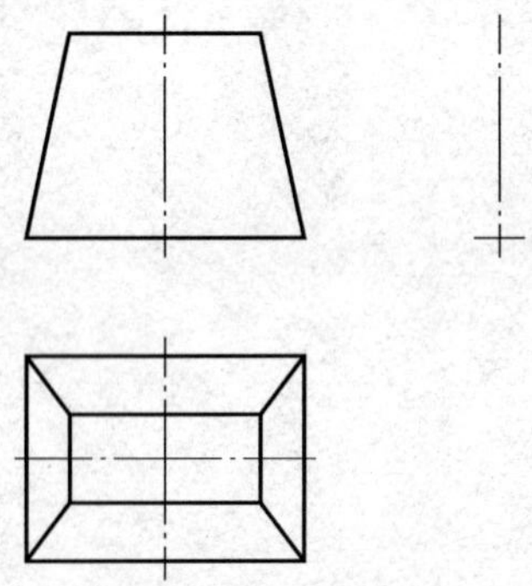

班级________　姓名________　学号________

6-5 补画圆柱的侧面投影。

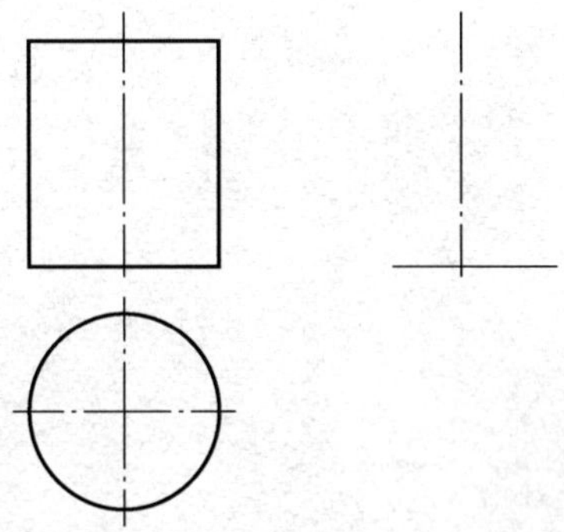

6-6 补画圆柱体的立面投影。

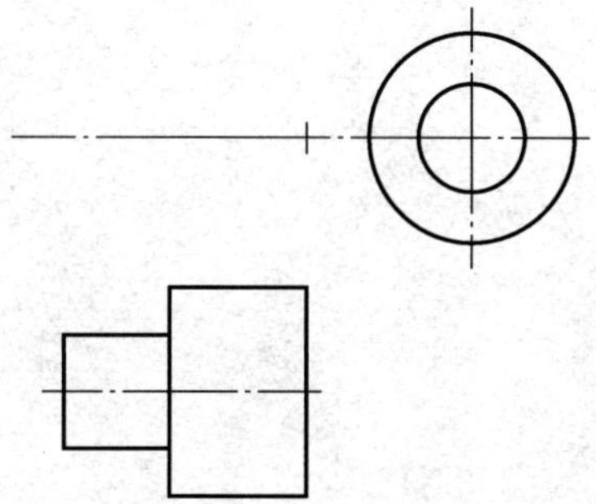

6-7 补画圆锥的平面投影。

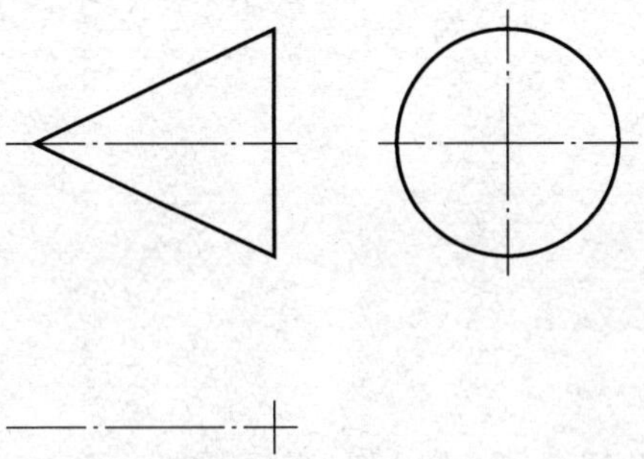

6-8 补画柱体的侧面投影。

班级________　姓名________　学号________

6-9　根据两面投影图,参照轴测图补画平面图(一)。

(1)

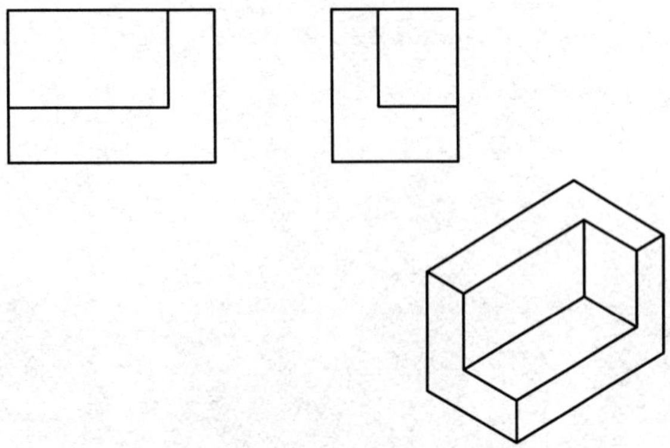

(2)

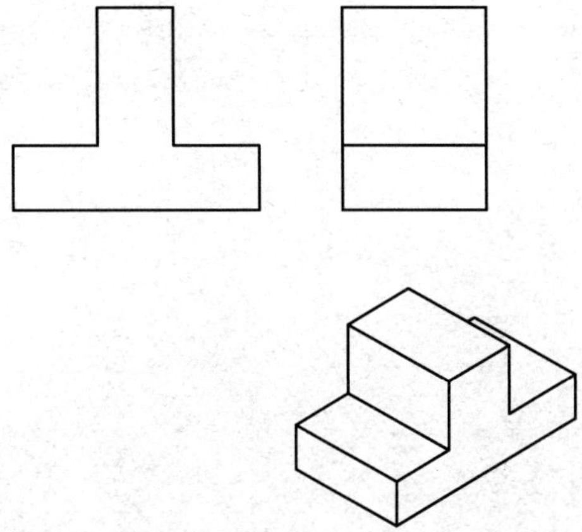

(3)

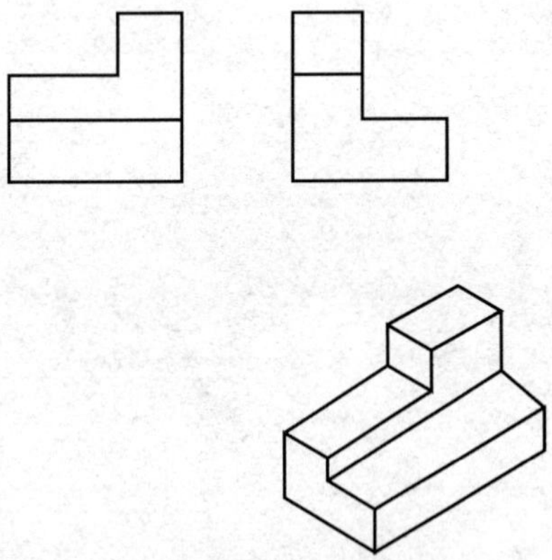

(4)

班级________　姓名________　学号________

6-9　根据两面投影图，参照轴测图补画平面图（二）。

(5)

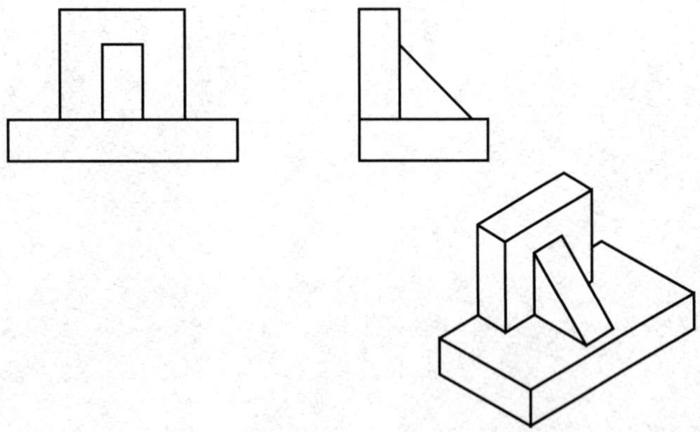

6-10 根据两面投影图，参照轴测图补画立面图。

(1)

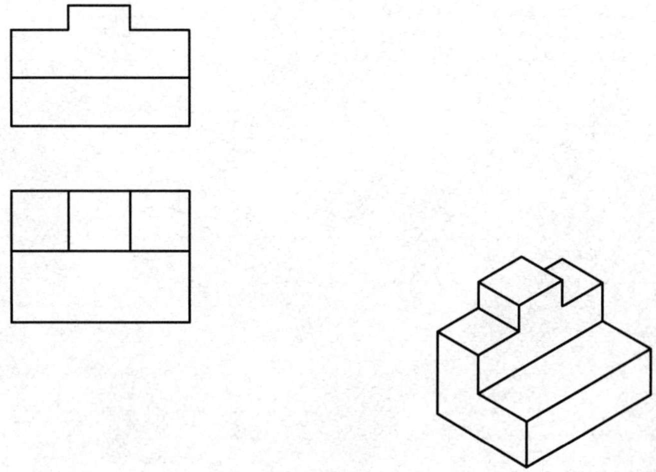

(2)

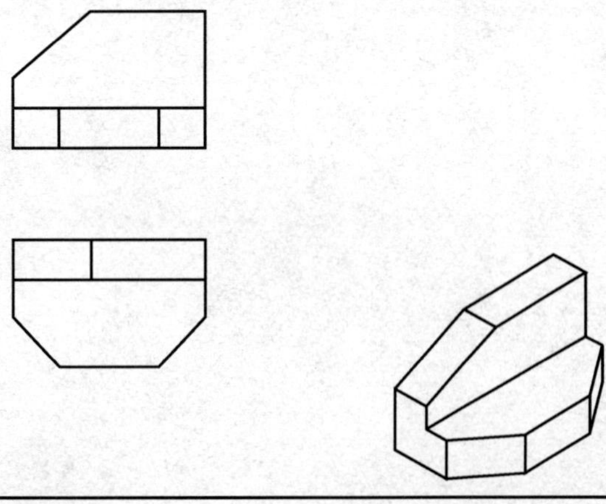

(3)

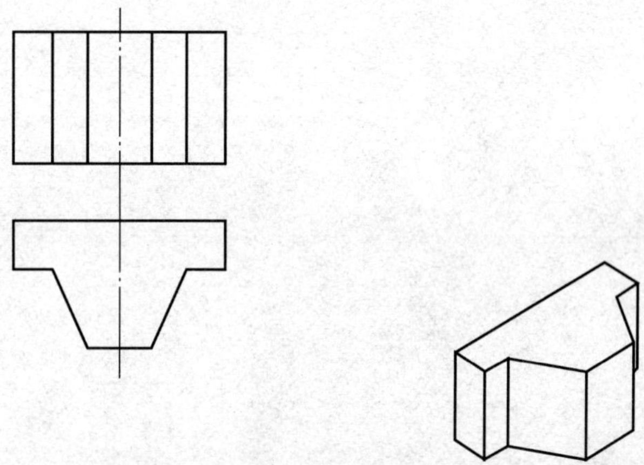

班级________　姓名________　学号________

6-11 根据道路工程中常见立体图补全三面投影图中所缺图线(一)。

(1)

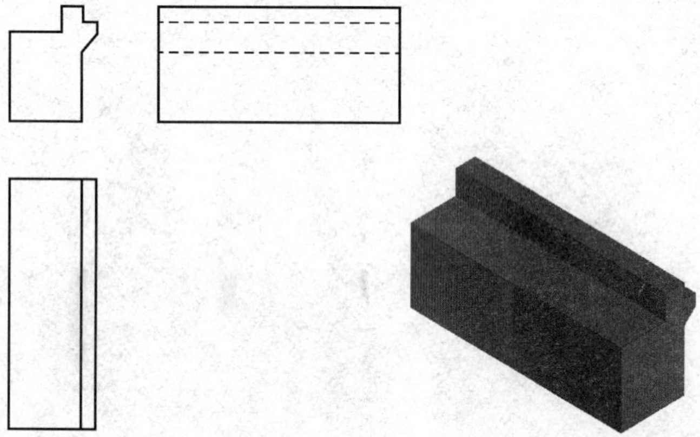

(2)

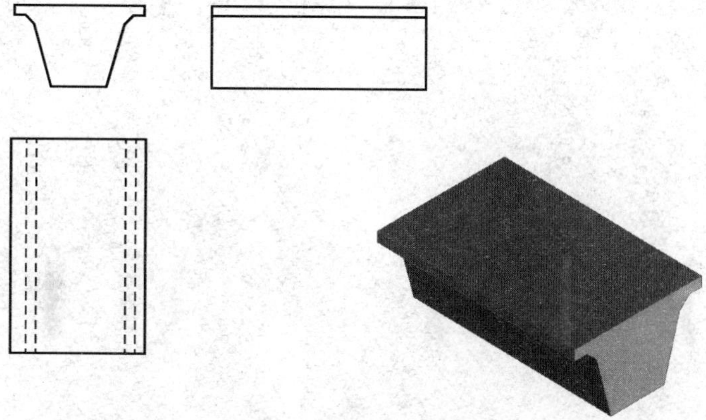

(3)

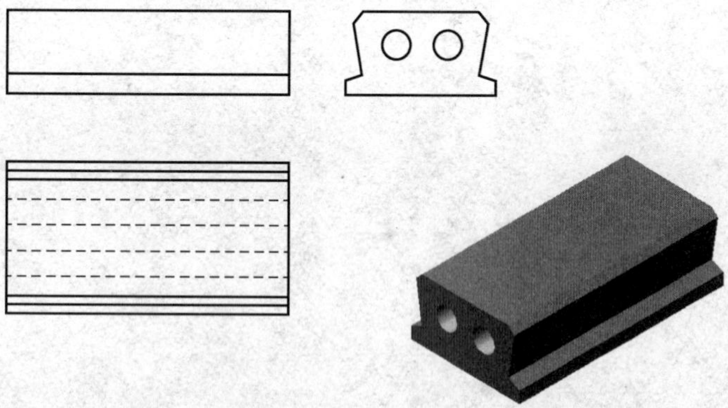

(4)

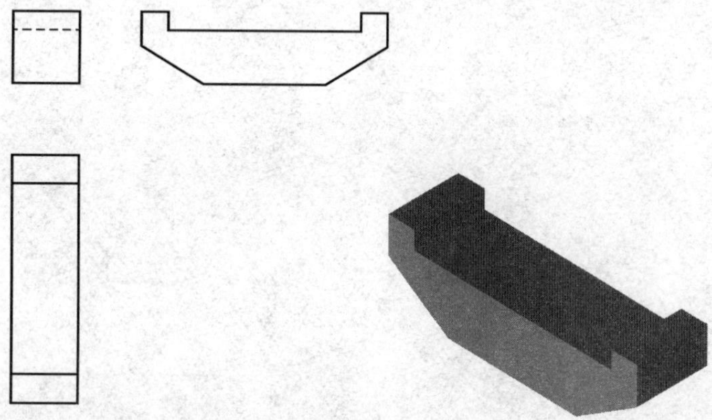

班级________ 姓名________ 学号________

6-11 根据道路工程中常见立体图补全三面投影图中所缺图线（二）。

(5)

(6)

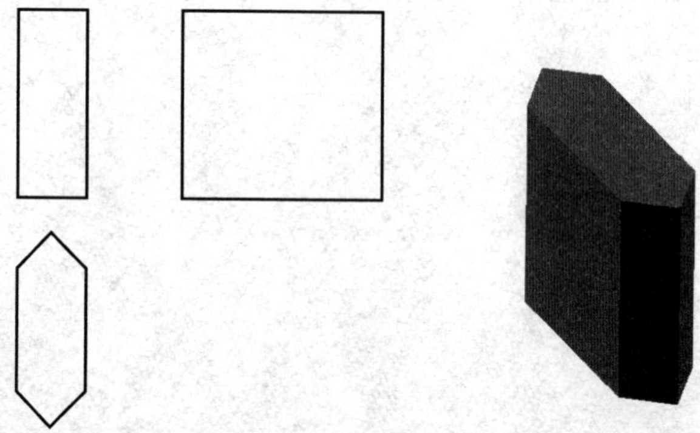

(7)

(8)

班级________　姓名________　学号________

6-11　根据道路工程中常见立体图补全三面投影图中所缺的图线(三)。

(9)

(10)

(11)

(12)

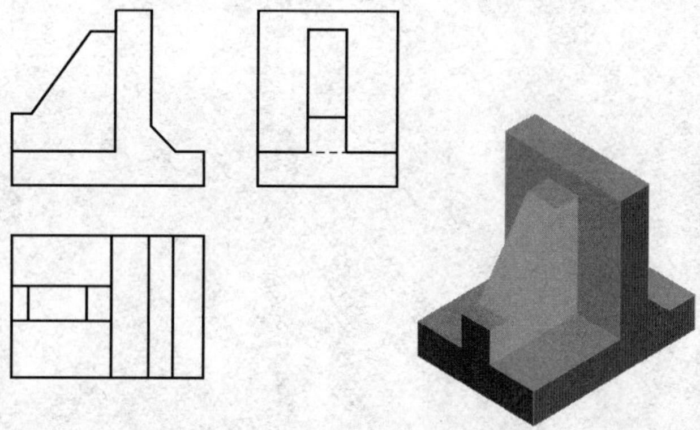

班级________　姓名________　学号________

6-11 根据道路工程中常见立体图补全三面投影图中所缺的图线（四）。

(13)

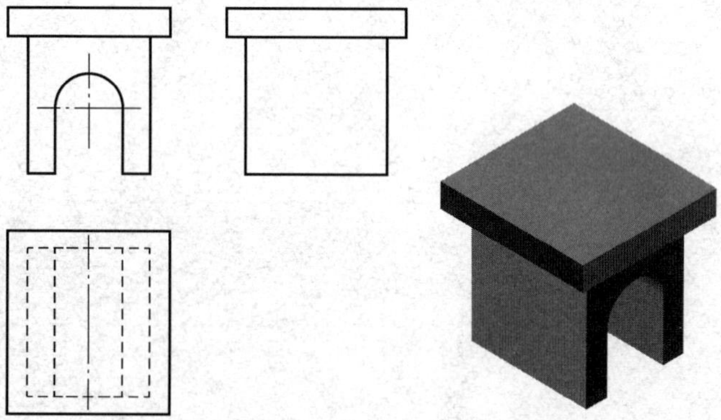

(14)

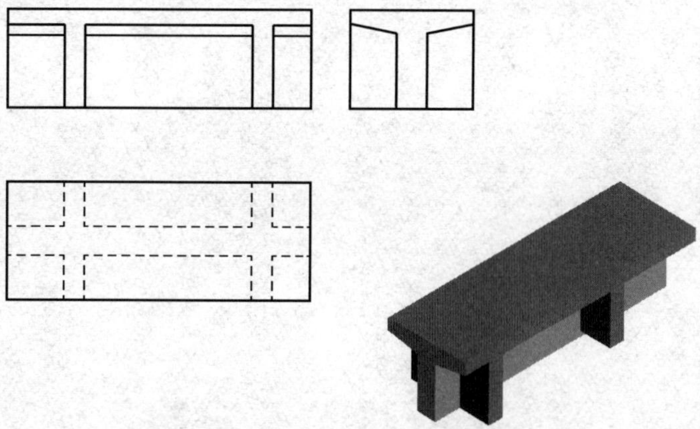

6-12 根据道路工程中常见棱柱立体图补画和修改三面投影图。

(1)

(2)

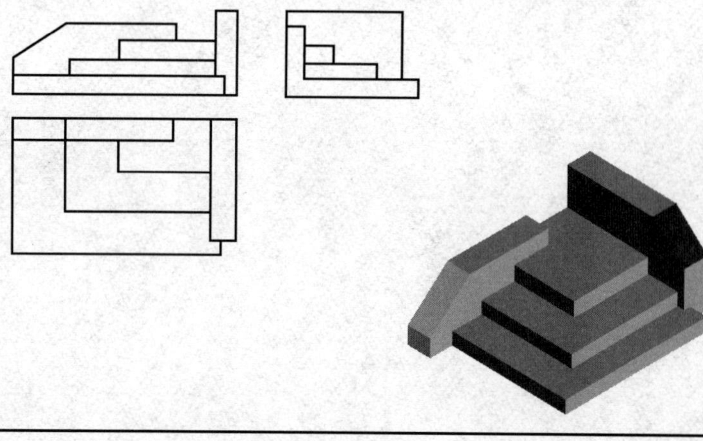

班级________　姓名________　学号________

6-13　根据涵洞出入口立体图补全三面投影图中所缺的图线。

(1)

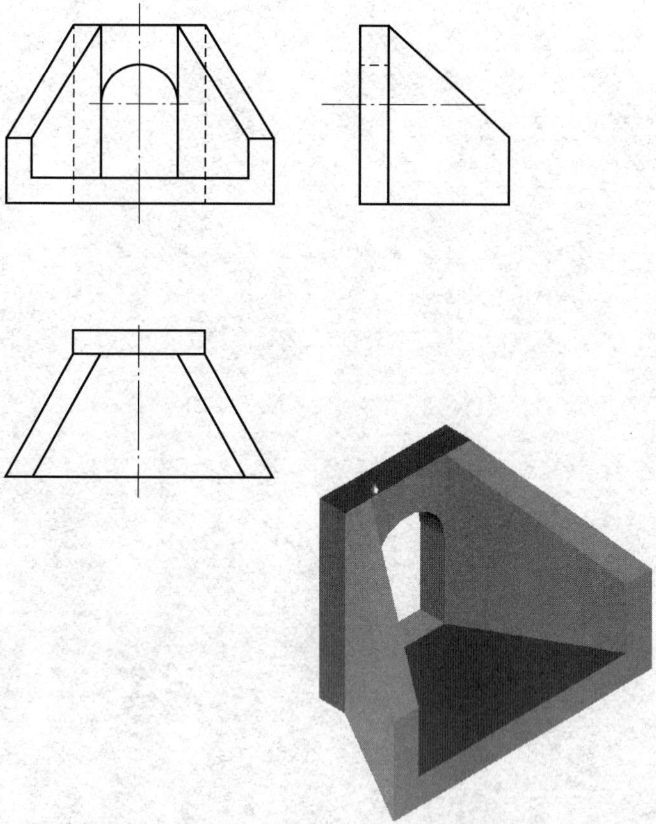

(2)

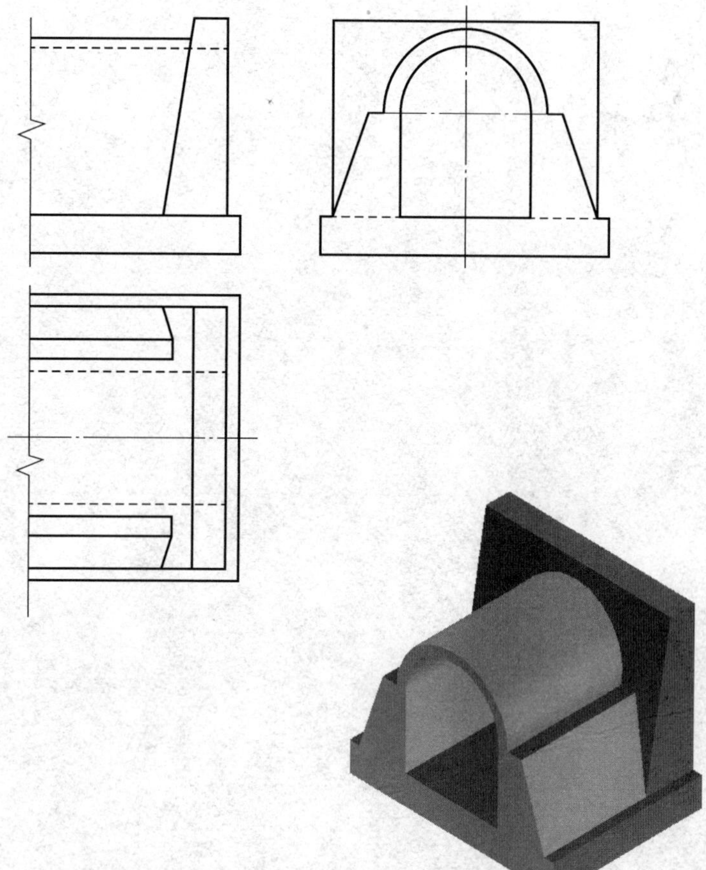

班级________　姓名________　学号________

6-14　补全三面投影图中所缺的图线。

(1)

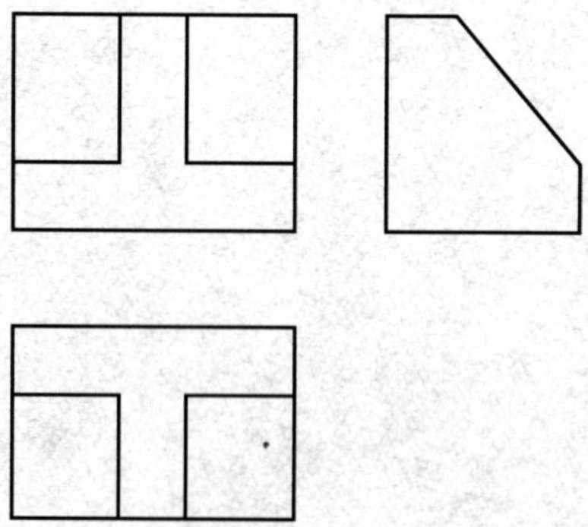

(2)

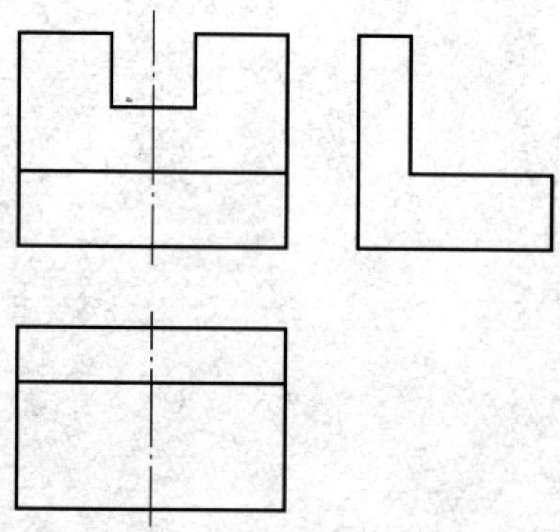

6-15　通过两面投影求第三面投影。

(1)

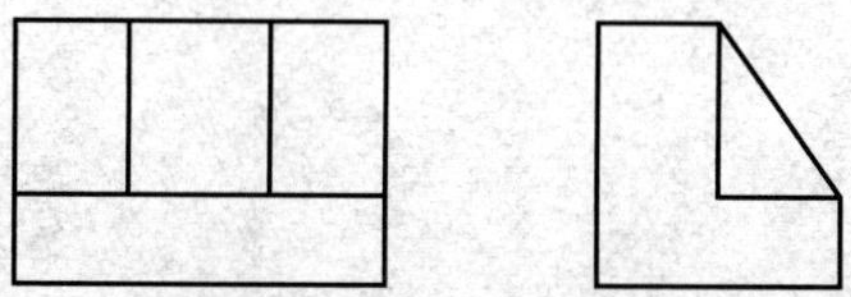

(2)

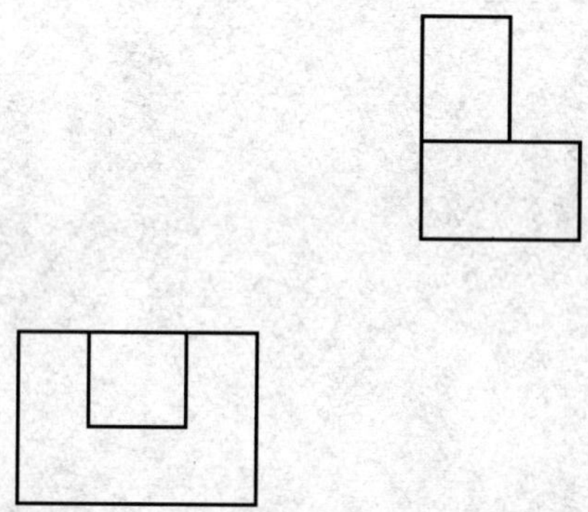

班级________　姓名________　学号________

6-16　完成该下列形体的三面投影图，比例为 1∶1(一)。

(1)

(2)

(3)

(4)

班级________　姓名________　学号________

6-16　完成该下列形体的三面投影图,比例为 1 : 1(二)。

(5)

(6)

(7)

(8)

班级________　姓名________　学号________

6-16　完成下列形体的三面投影图,比例为 1∶1(三)。

(9)

(10)

(11)

(12)

班级________　姓名________　学号________

6-17　画出下列形体的三面投影图,比例为 1∶1。

(1)

(2)

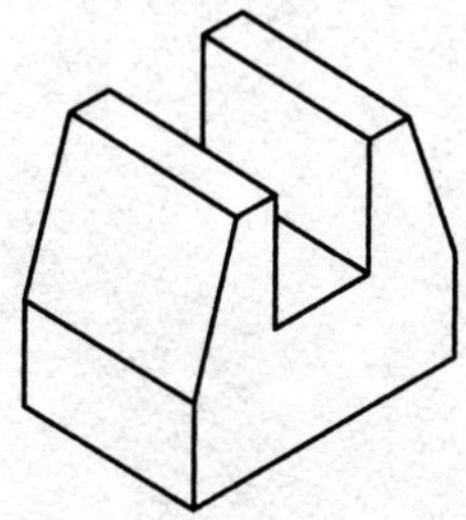

(3)

(4)

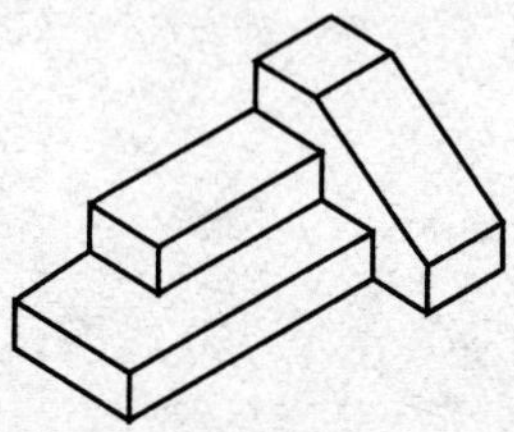

班级________ 姓名________ 学号________

6-17 画出下列形体的三面投影图，比例为1:1。

(1)

(2)

(3)

(4)

班级________　姓名________　学号________

6-18 根据物体的立体图及给出的视图，补全其三视图。

(1)

(2)

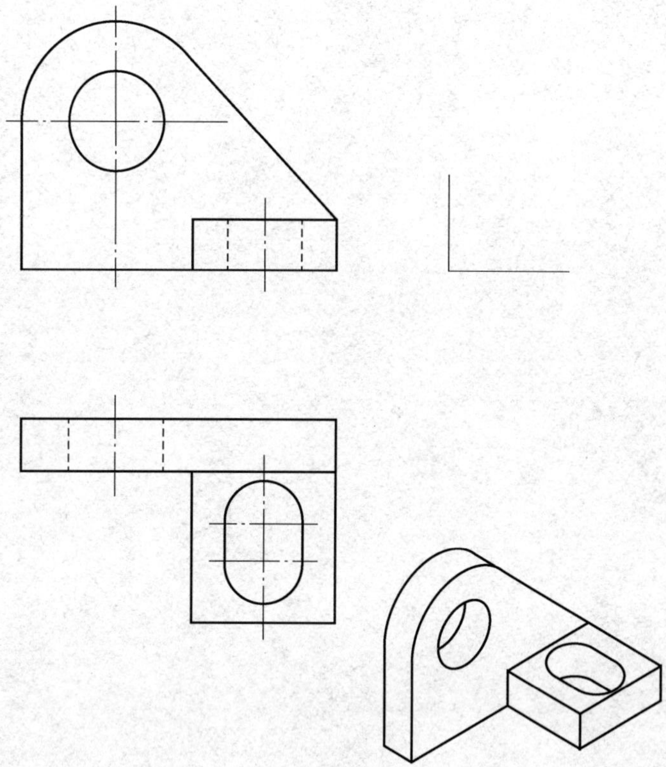

班级________　姓名________　学号________

6-19　根据立体图上的尺寸，按 1∶20 的比例绘制三面投影图。

(1)

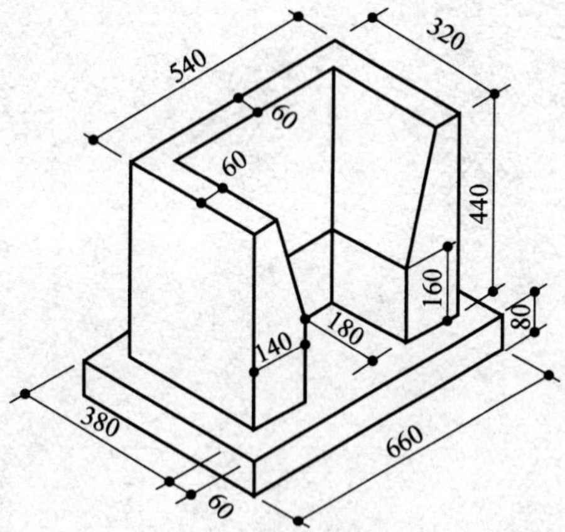

(单位：mm)

(2)

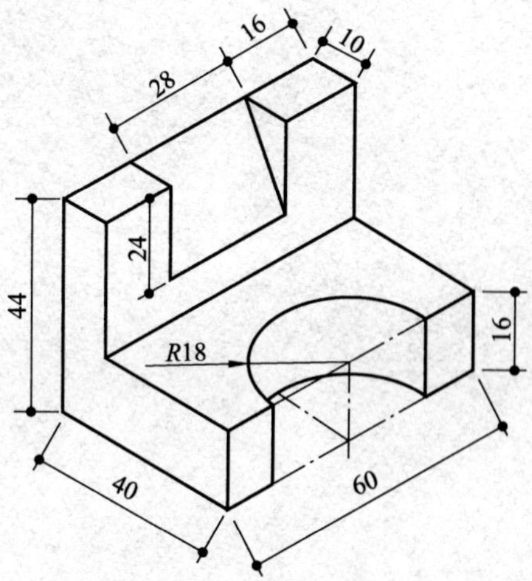

(单位：mm)

班级________　姓名________　学号________

6-20　根据轴测图及图上所注尺寸，用 1∶1 的比例画出组合体的三视图。

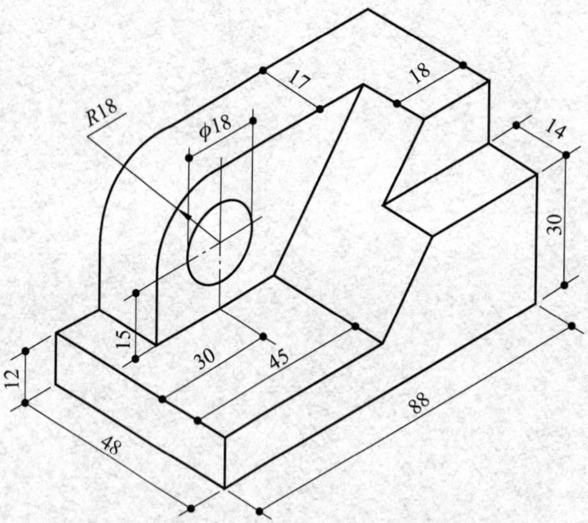

(单位：mm)

班级________　姓名________　学号________

第二次大作业指示书

一、目的

(1) 掌握用形体分析法读图。

(2) 学习用形体分析法绘制组合体的三视图和进行尺寸标注。

二、图名和图号

(1) 图名：涵洞三视图。

(2) 图号：06-01。

三、内容及要求

1. 内容

根据组合体的两视图和尺寸，用 1∶10 的比例在 A3 图纸上完成以下作图。

(1) 抄绘第二次大作业图所示的两个视图，补画第三视图。

(2) 抄注尺寸，图中尺寸以毫米 (mm) 为单位。

2. 要求

(1) 线型。可见轮廓线用粗实线 (0.7 mm) 画，不可见轮廓线用中虚线 (0.35 mm) 画，点画线、尺寸线、尺寸界线用细实线 (0.25 mm) 画。

(2) 字体、字号。字体、字号与第一次大作业相同，详见第一次大作业指示书。

(3) 视图布置。根据组合体的总尺寸，并考虑标注尺寸所占位置，作出各视图的外形轮廓，将各视图布置得匀称美观。

四、作图说明

(1) 根据教材第 6.4.2 节“组合体多面投影图的画法”的步骤和方法进行作图。

(2) 作图时要严格遵守“三等”规律。

(3) 组合体为涵洞，涵洞图右端的梯形立体为挡土墙，正面投影图中的斜线为正垂面，该斜面与涵洞半圆拱的外表面相交，所得的截交线为椭圆曲线。

(4) 标题栏按第一次大作业要求绘制。

班级________　姓名________　学号________

第二次大作业图

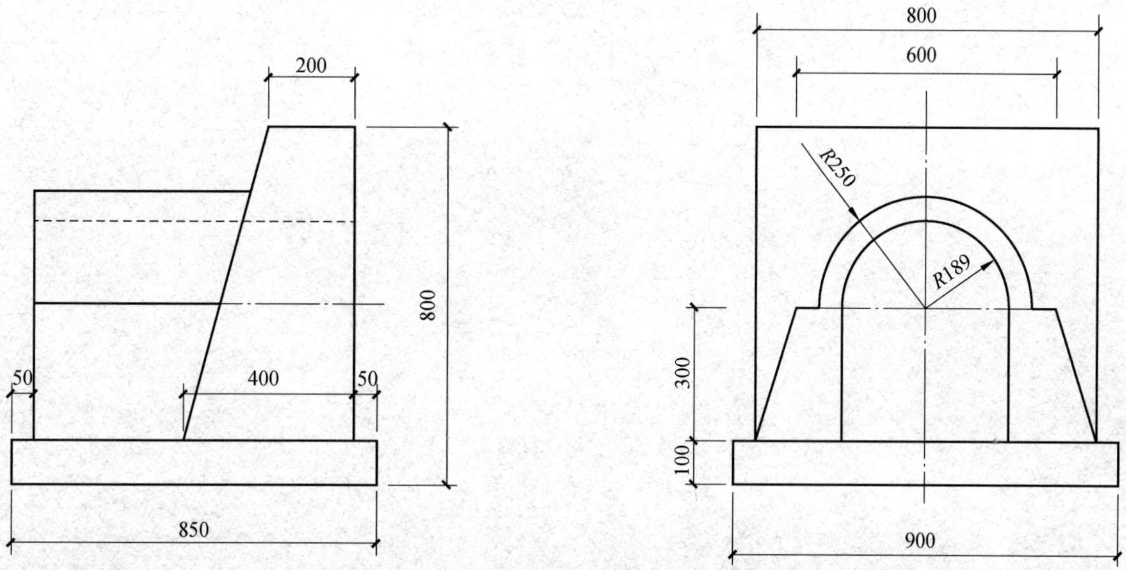

模块 7　轴测投影图

班级________　姓名________　学号________

7-1 根据已给视图,画出正等轴测图(一)。

(1)

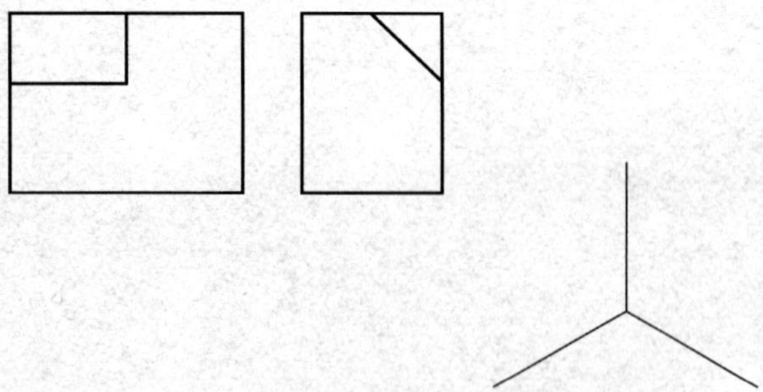

(2)

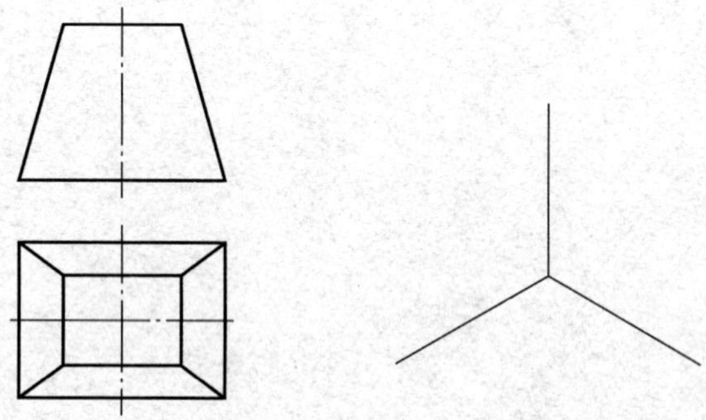

(3)

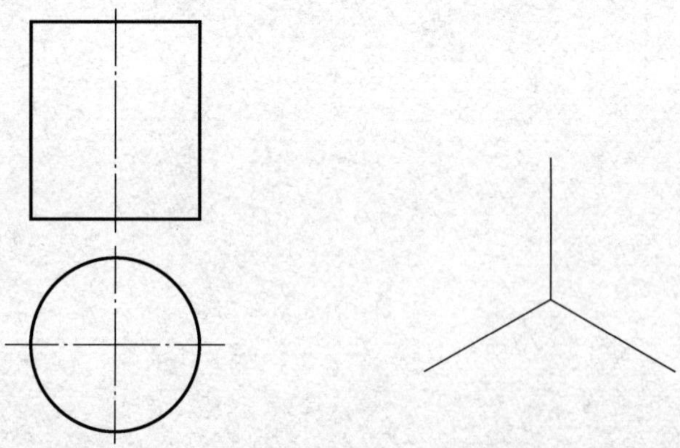

(4)

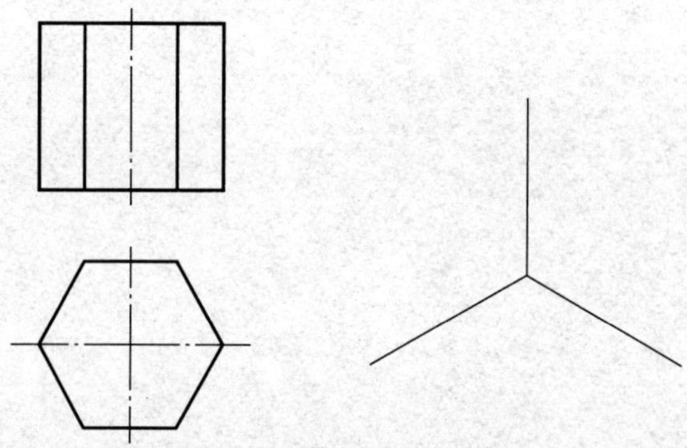

班级________　姓名________　学号________

7-1 根据已给视图，画出正等轴测图（二）。

(5)

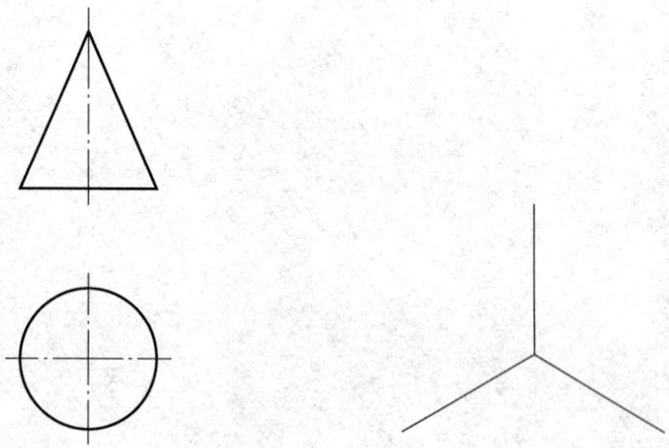

(6)

(7)

(8)

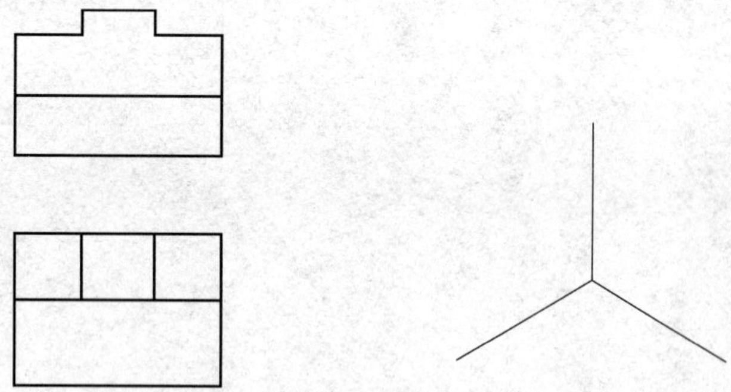

班级________　姓名________　学号________

7-1 根据已给视图,画出正等轴测图(三)。

(9)

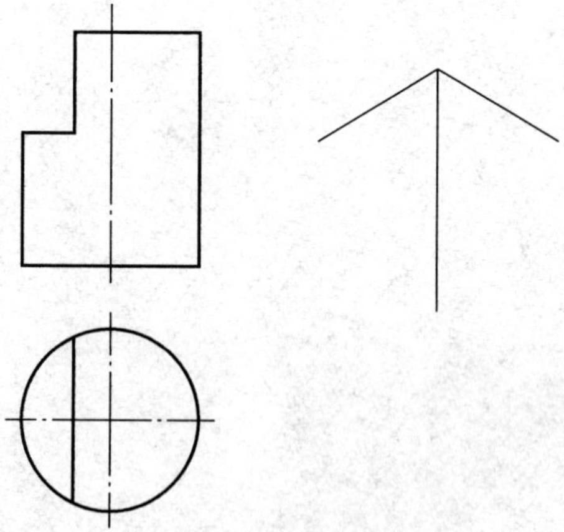

(10)

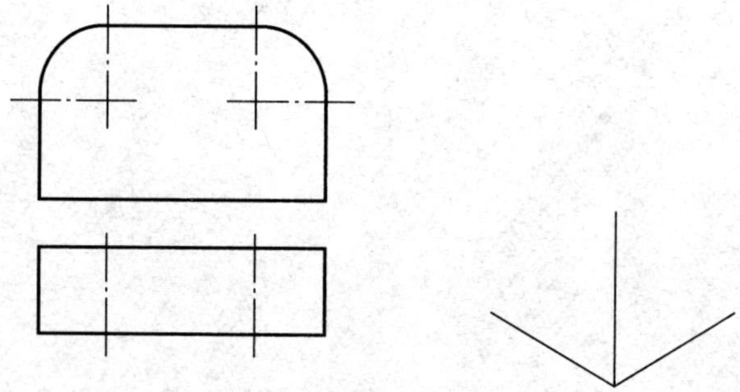

(11)

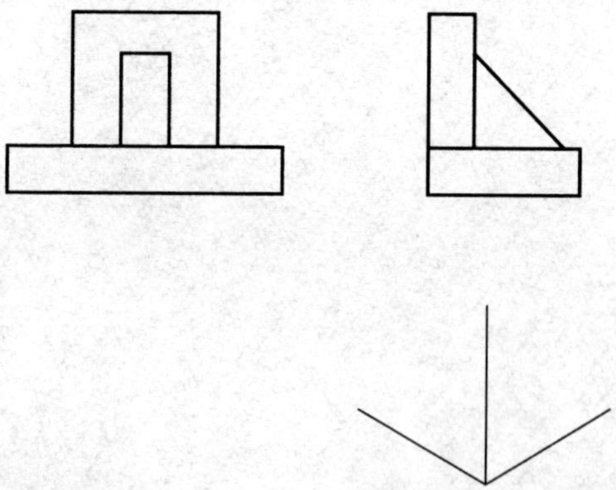

(12)

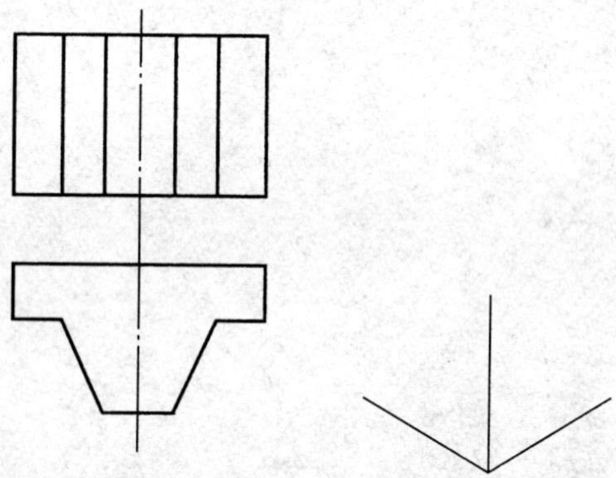

班级________　姓名________　学号________

7-2 根据道路工程中常见棱柱视图绘制轴测图。

(1)

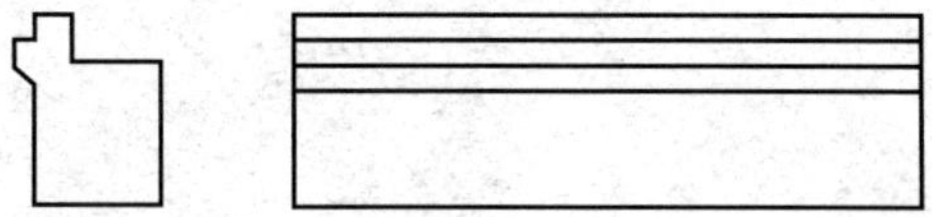

(2)

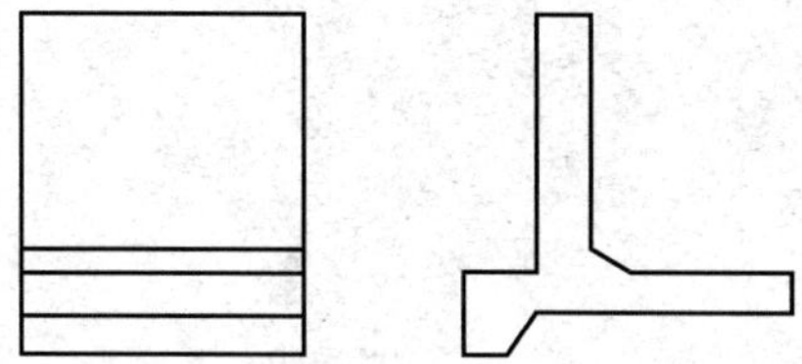

(3)

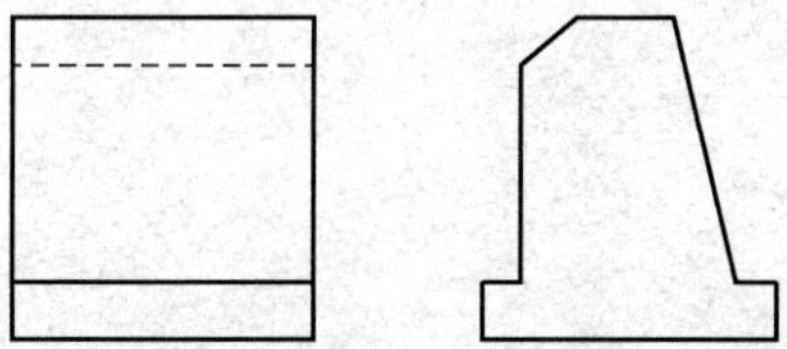

(4)

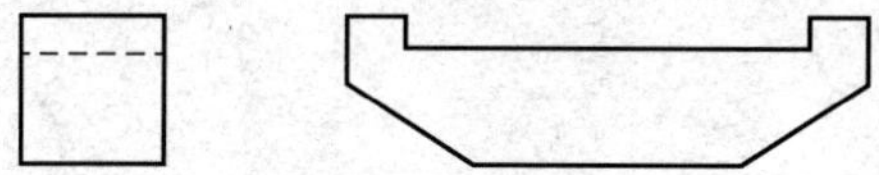

班级________ 姓名________ 学号________

7-3 根据已给视图，画出斜二测轴测图。

(1)

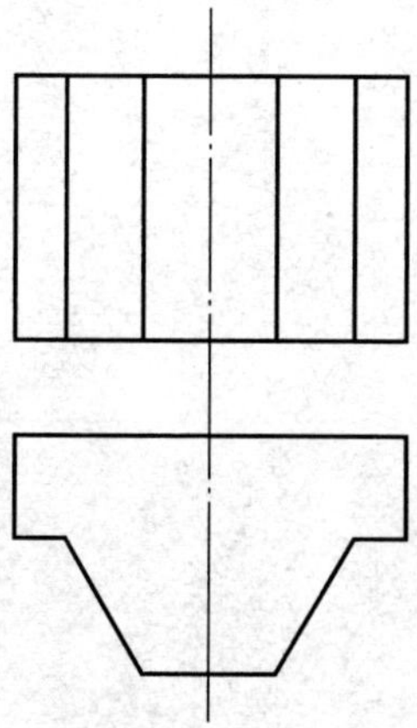

(2)

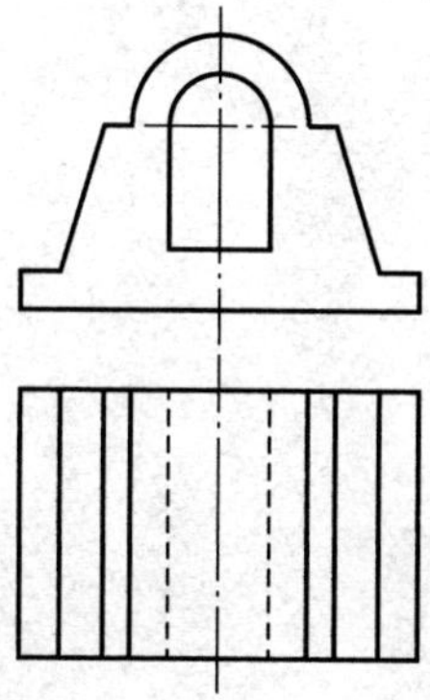

(3)

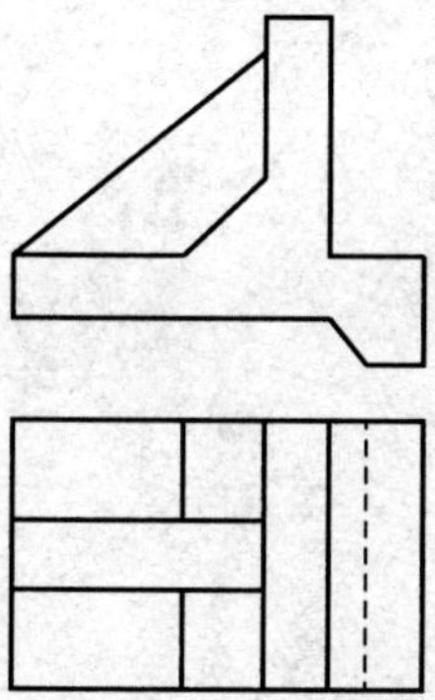

(4)

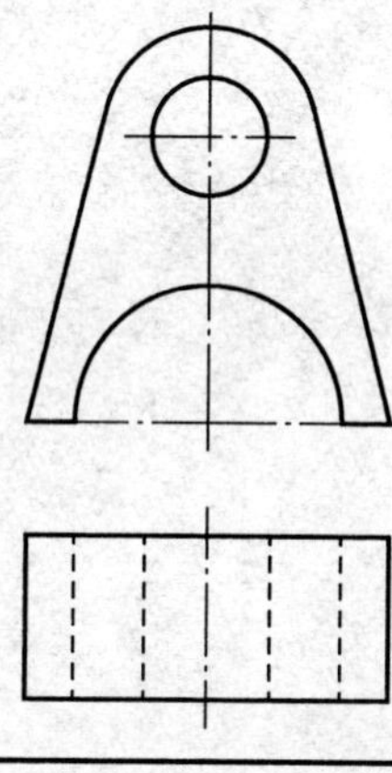

模块 8　剖面图和断面图

班级________　姓名________　学号________

8-1 根据已给立体图,补全剖面图中所缺的图线(一)。

(1)

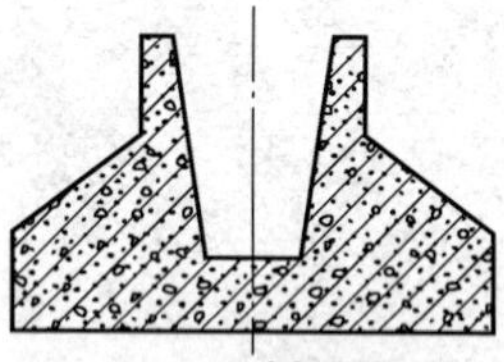

1—1 剖面图

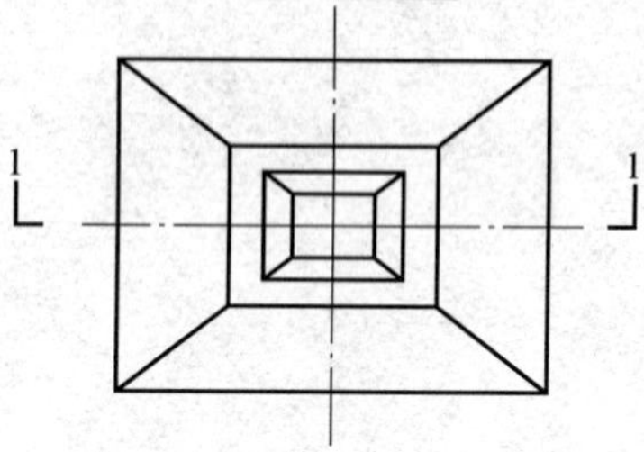

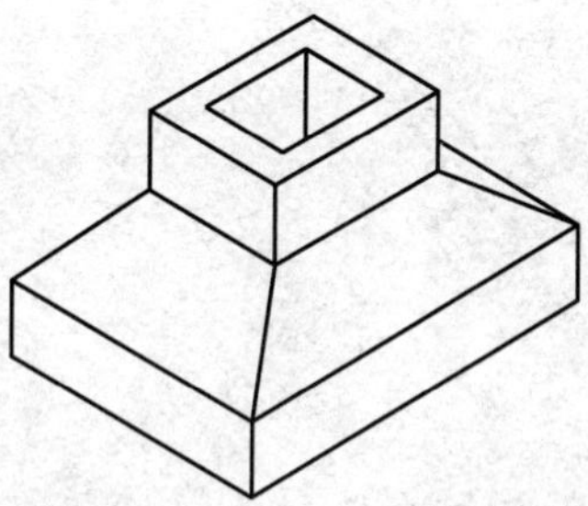

(2)

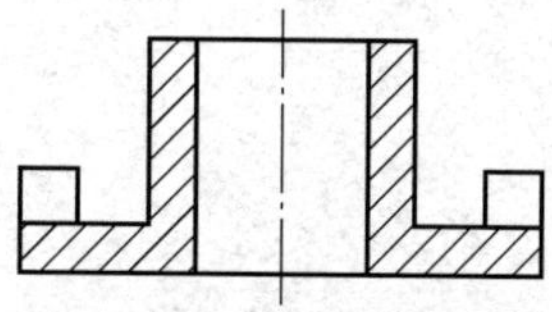

1—1 剖面图

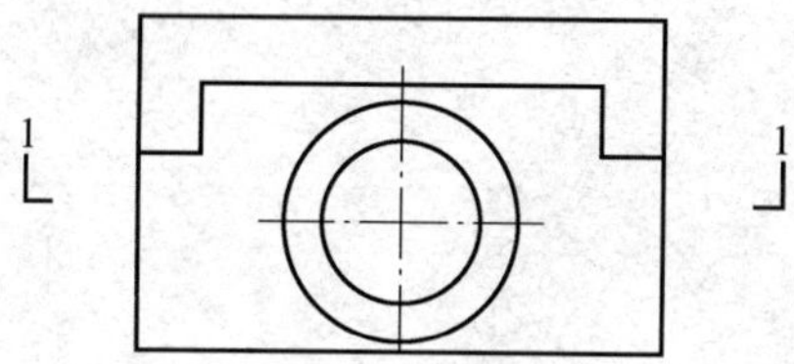

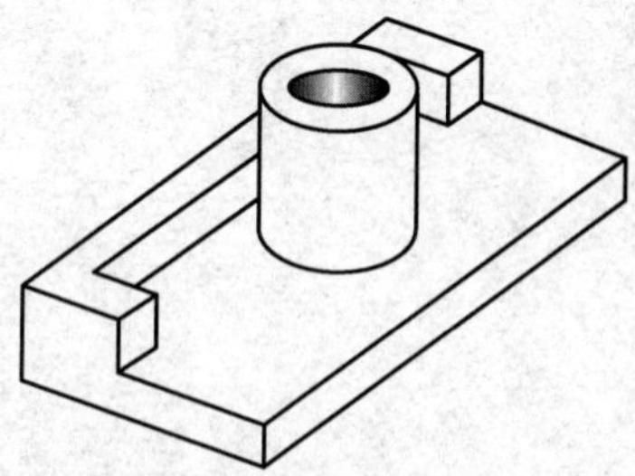

班级________　姓名________　学号________

8-1 根据已给立体图,补全剖面图中所缺的图线(二)。

(3)

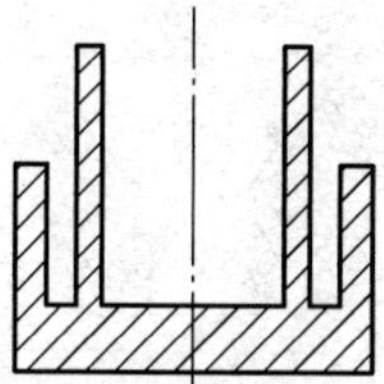

1—1 剖面图

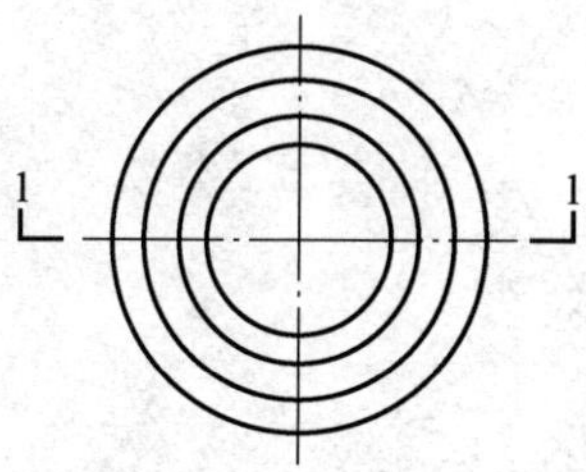

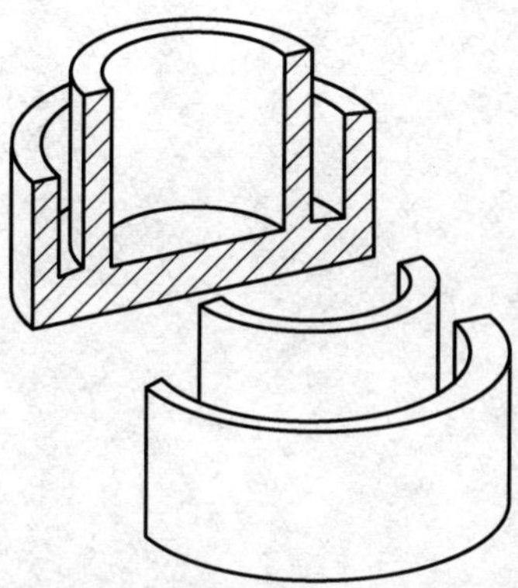

(4)

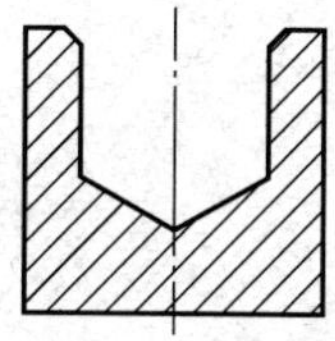

1—1 剖面图

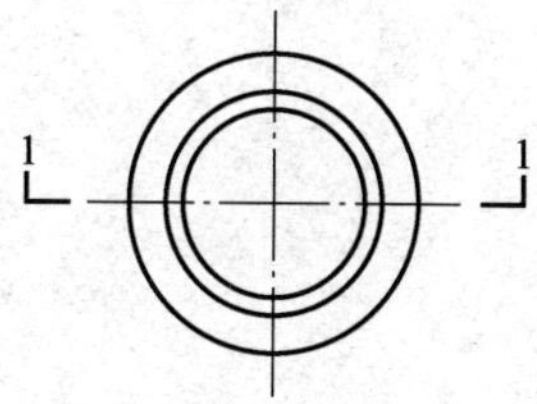

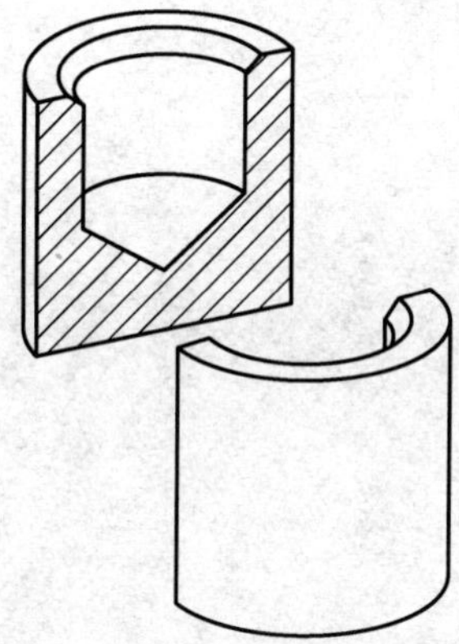

班级________　姓名________　学号________

8-2 根据剖面图和断面图的定义，判断下面的 (1) 和 (2) 哪一个是剖面图，哪一个是断面图。

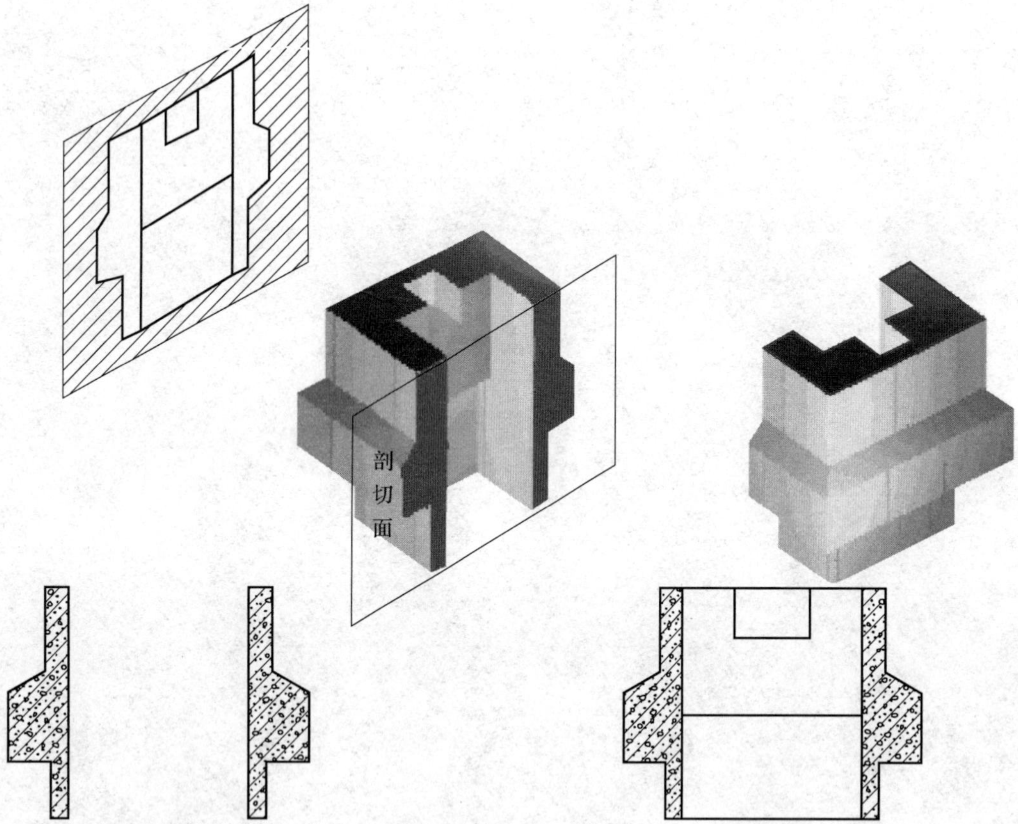

(1)　　　　　　　　(2)

班级________　姓名________　学号________

8-3 请判断下面给出的剖面图和断面图是否正确。

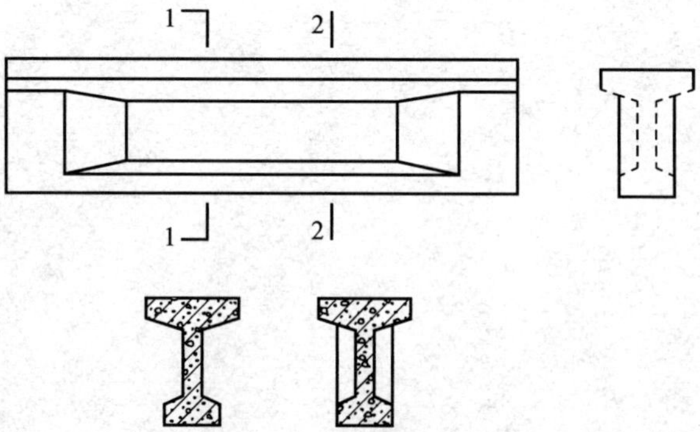

1—1 剖面图　2—2 断面图

8-4 请给下面的半剖面图标注剖切符号。

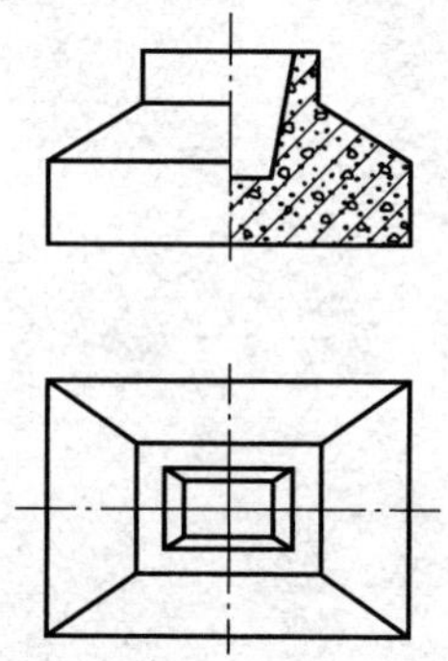

8-5 将形体的正面投影图改画成全剖面图。

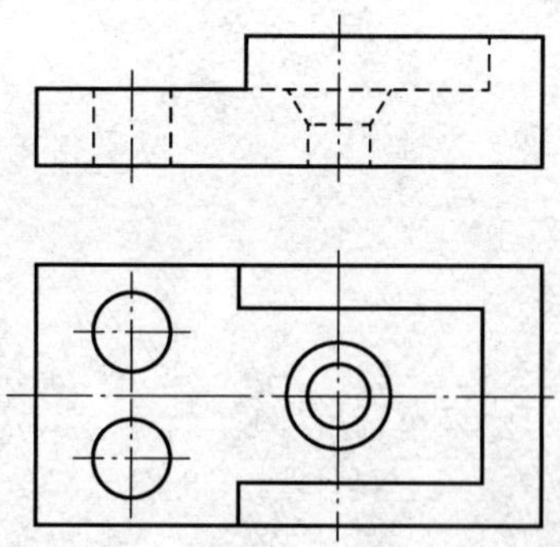

8-6 作出下图中 1—1 和 2—2 的断面图。

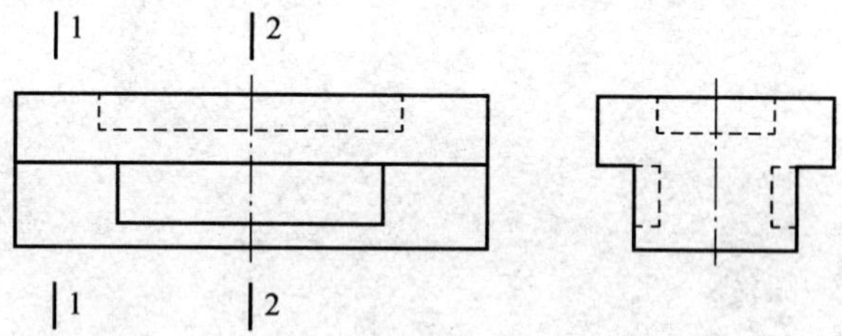

班级________　姓名________　学号________

8-7 根据已给视图,补画侧面投影。

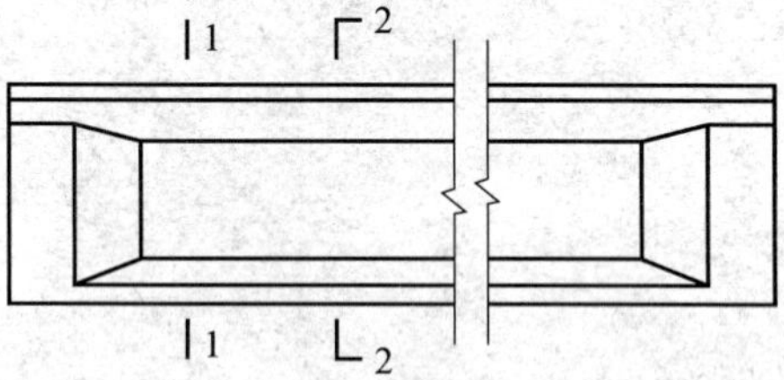

1—1

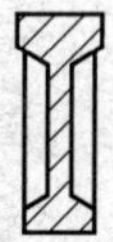

2—2

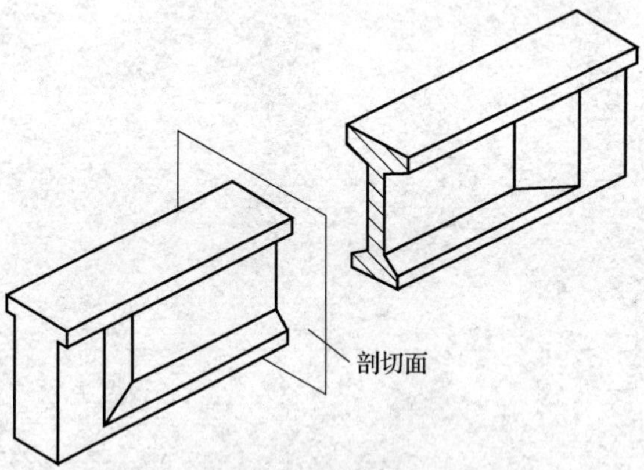

8-8 作出已给视图的 1—1 和 2—2 剖面图。

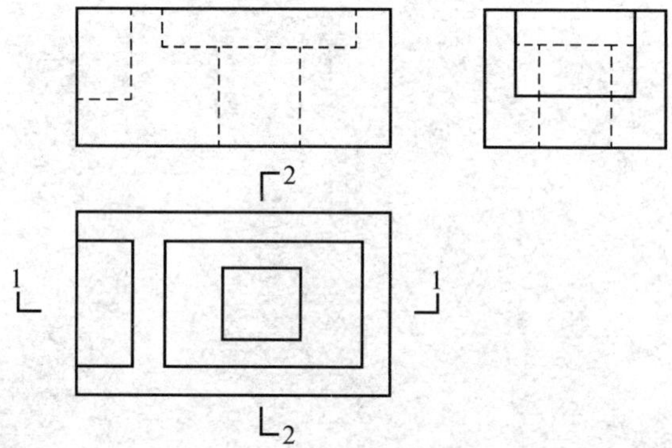

班级________　姓名________　学号________

8-9 作出梁的 1—1、2—2 和 3—3 断面图。

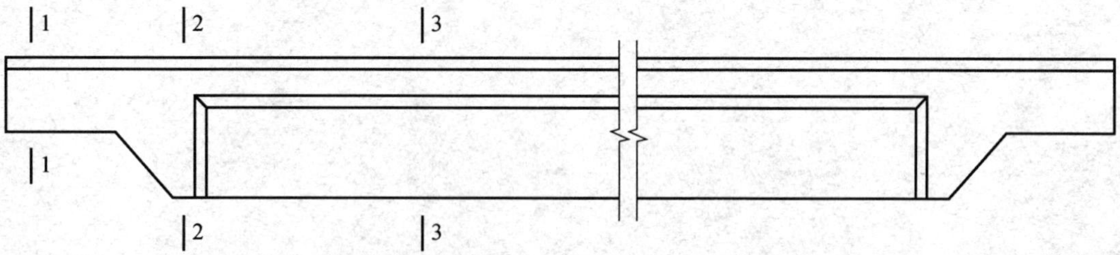

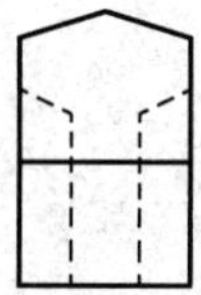

班级________　姓名________　学号________

8-10 作出梁的 1—1、2—2、3—3、4—4、5—5 断面图。

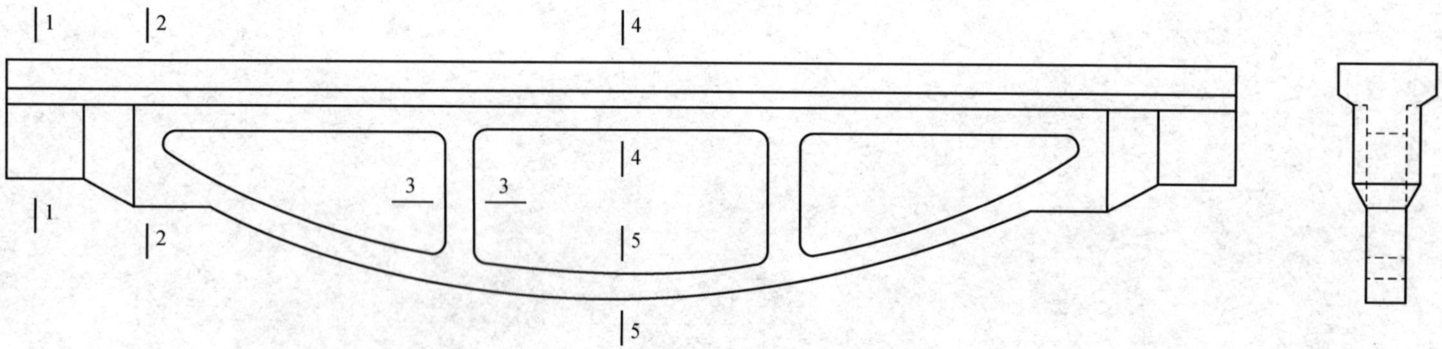

班级________　姓名________　学号________

8-11 作出梁的 1—1 断面图和 2—2 剖面图。

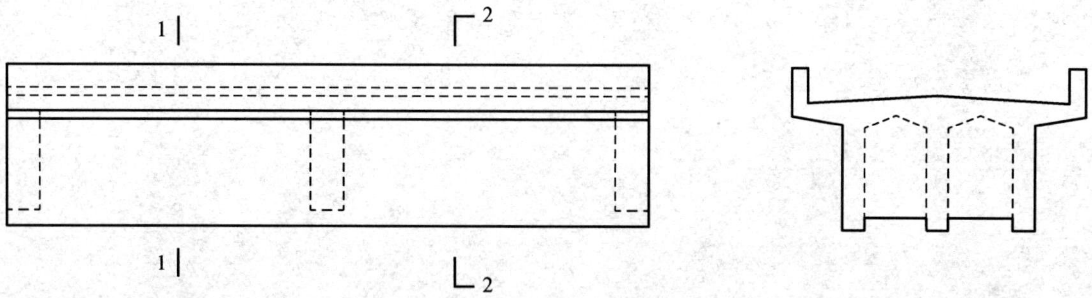

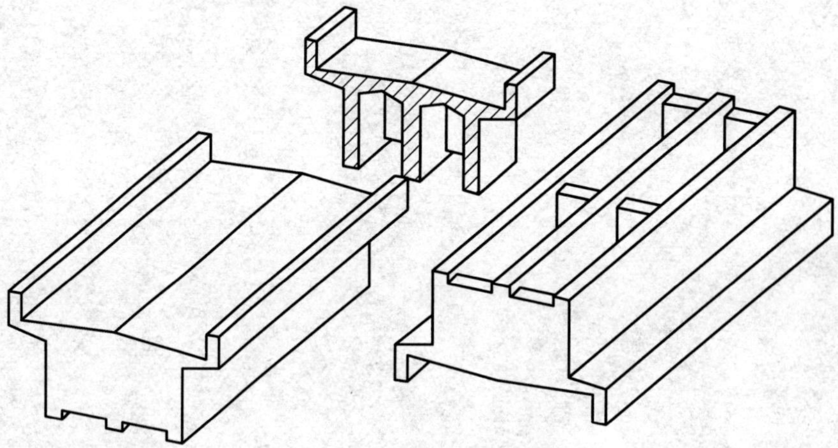

顶面的形状　　　　底面的形状

班级________　姓名________　学号________

8-12　将形体的正面投影图改画成半剖面图。

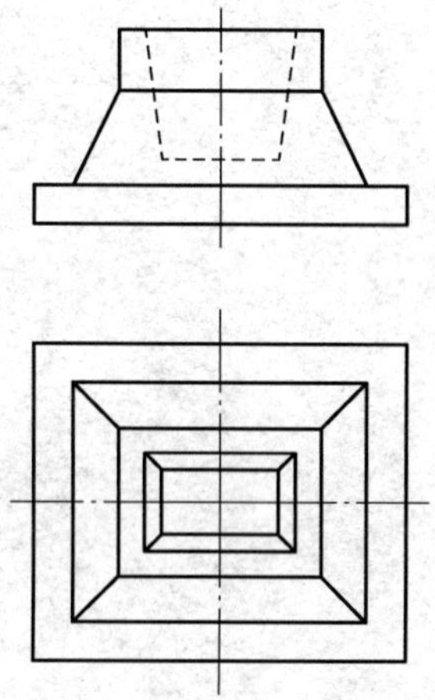

8-13　作出钢筋混凝土梁的 1—1 和 2—2 断面图。

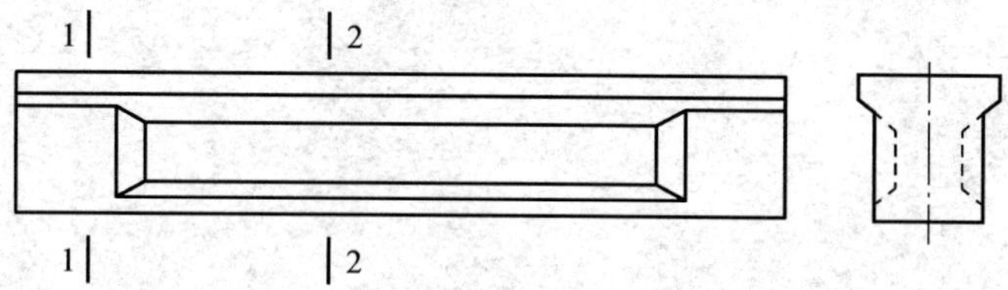

8-14　作出梁的 1—1 剖面图和 2—2 断面图。

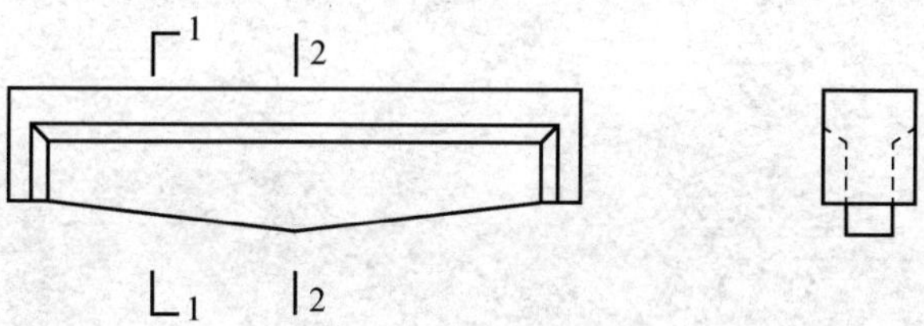

8-15　作出梁的 1—1 和 2—2 断面图。

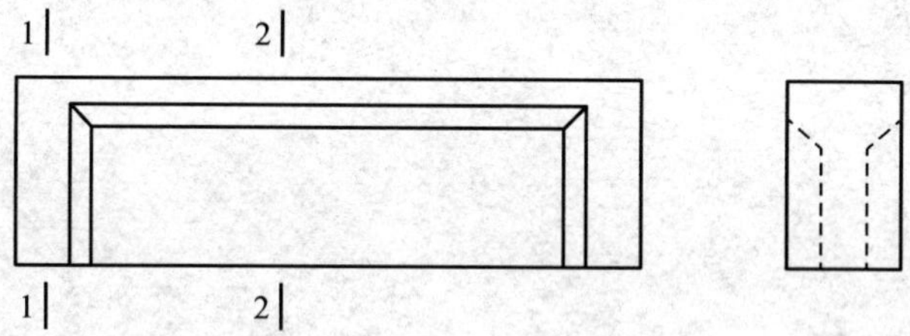

班级________　姓名________　学号________

8-16　作出 1—1 剖面图。

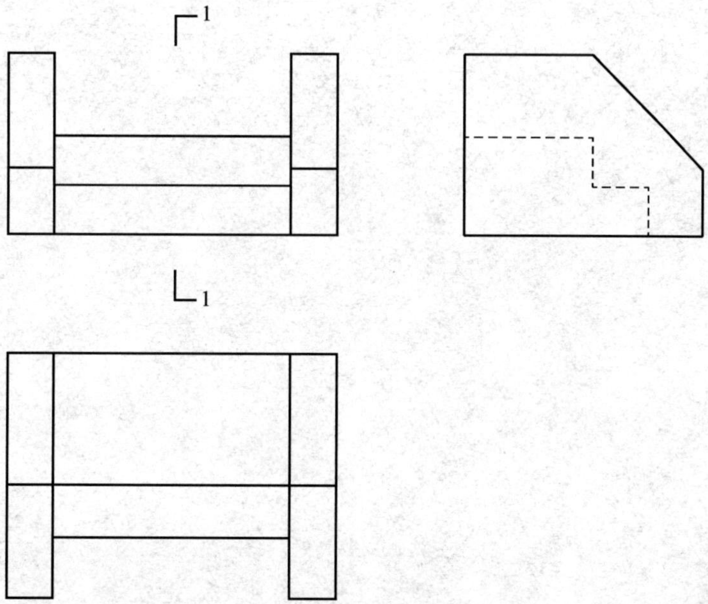

8-17　作出形体的半剖面图。

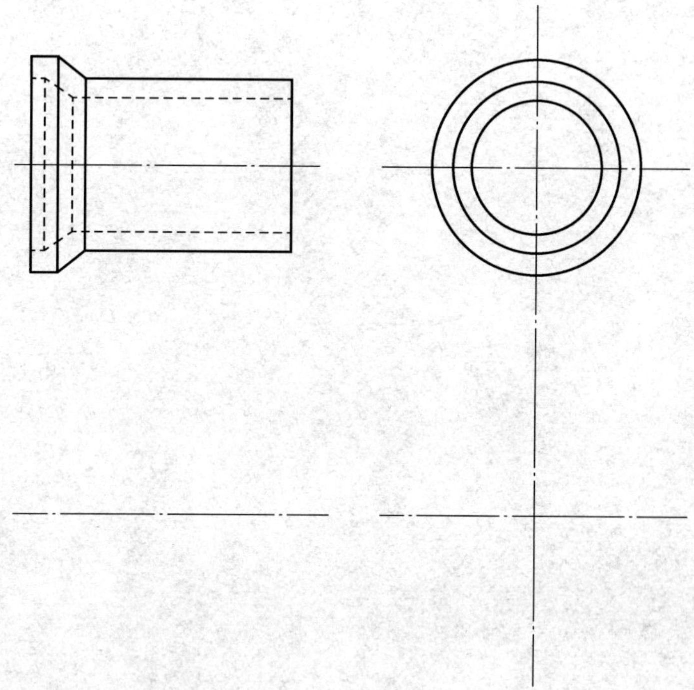

班级________　姓名________　学号________

8-18　把涵洞立面图改为适当的剖面图，并补绘侧面图（材料：混凝土），分析下图是否正确。

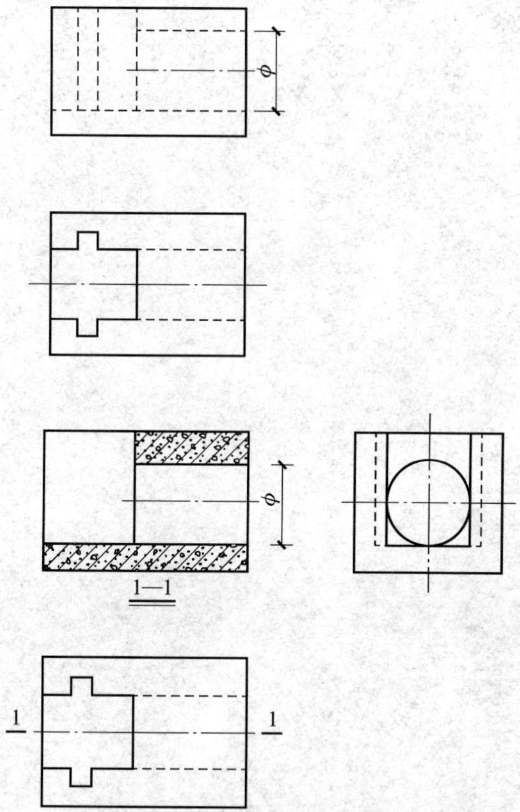

8-19　把涵洞出口立面图改为适当的剖面图，并补绘侧面图（材料：混凝土），分析下图是否正确。

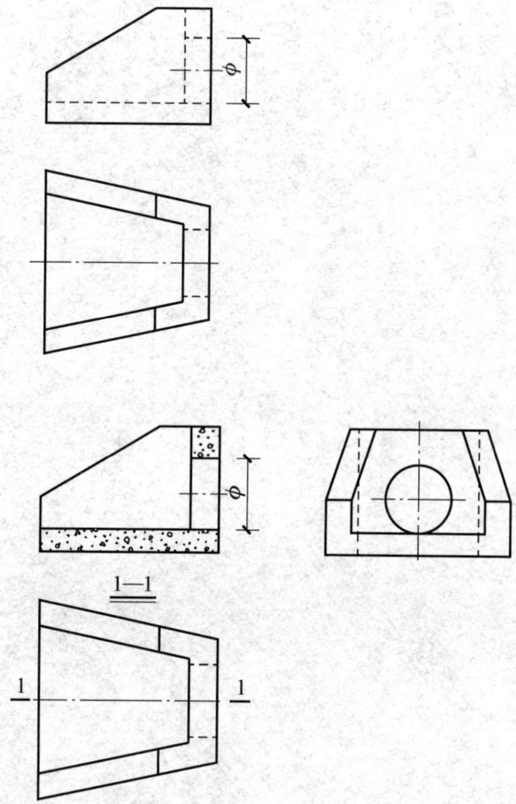

班级________ 姓名________ 学号________

8-20 补画 2—2 剖面图。

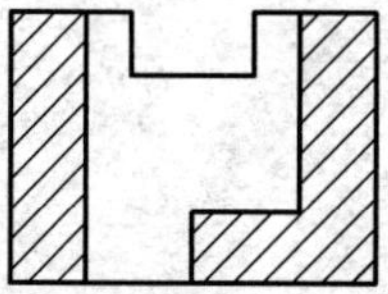

1—1

2—2

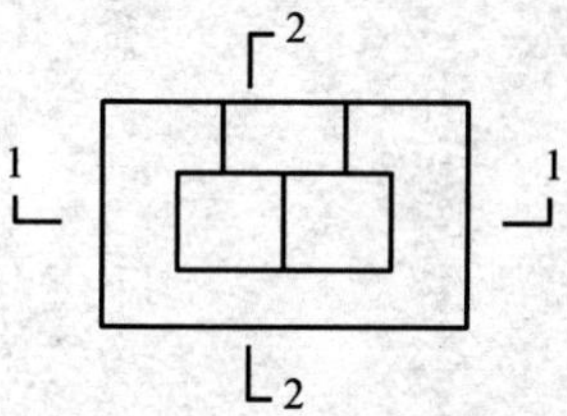

8-21 画出外墙的 2—2 剖面图。

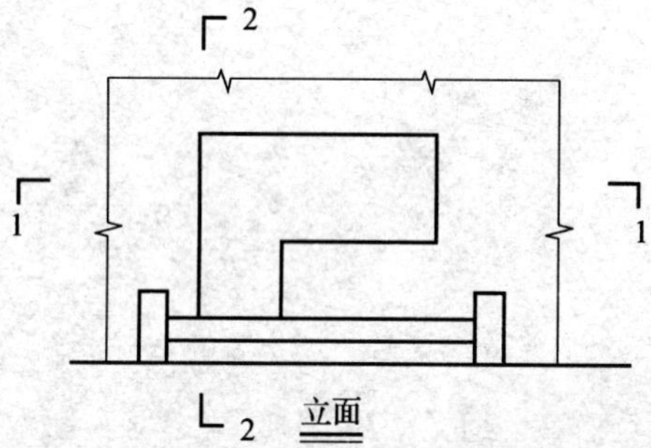

立面

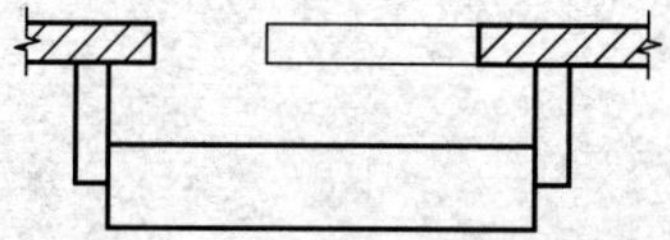

1—1 剖面

2—2 剖面

班级________　姓名________　学号________

8-22 补画 2—2 剖面图。

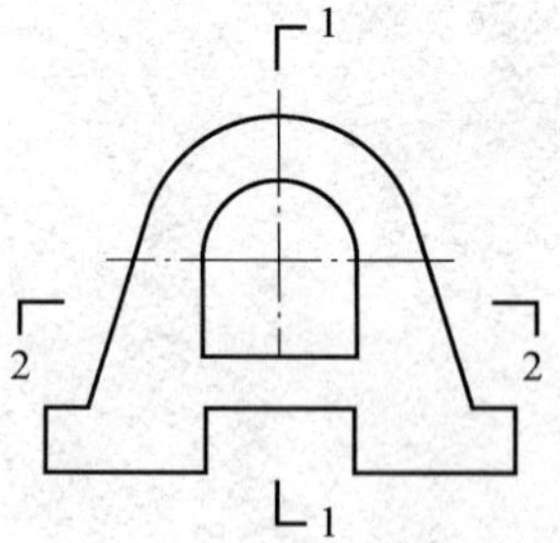

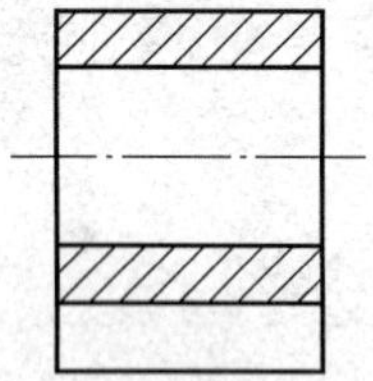

1—1

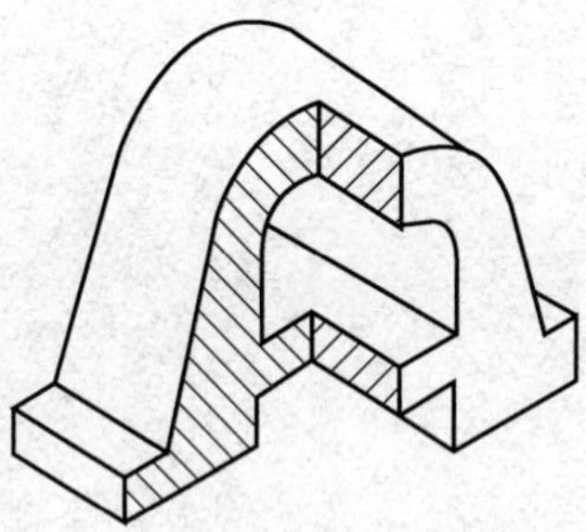

2—2

8-23 完成桥台的 1—1 剖面图。

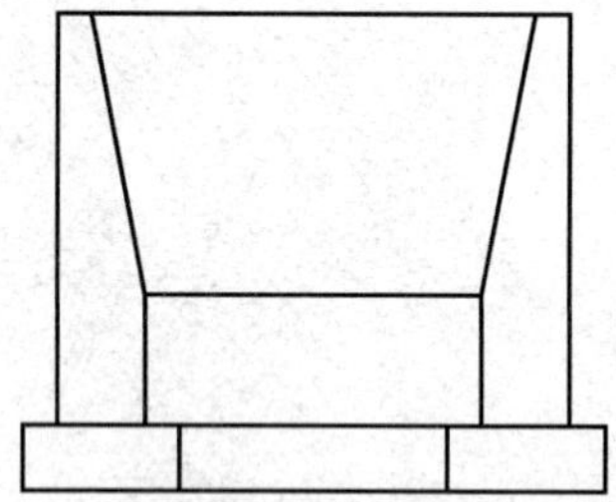

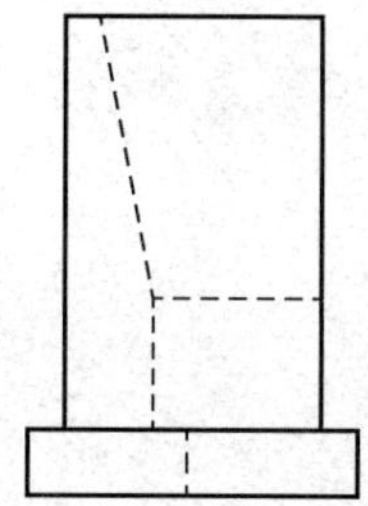

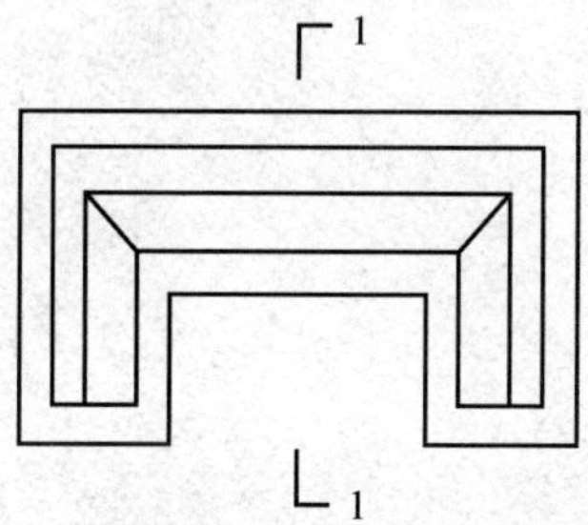

1—1 剖面图

班级________　姓名________　学号________

8-24 根据已知的立面图和侧面图，下面给出的 1—1 剖面图中正确的是(　　)。

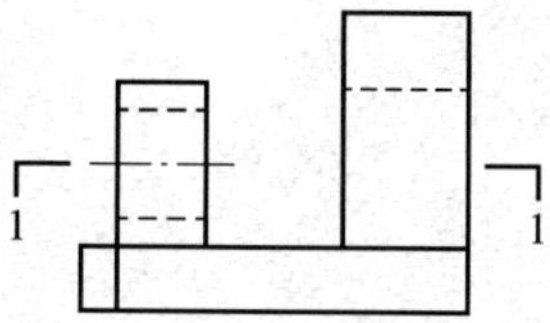

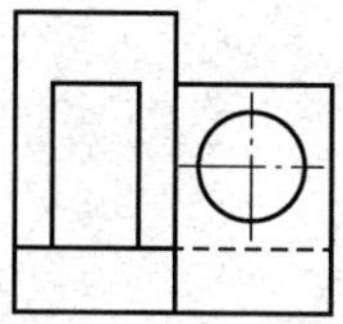

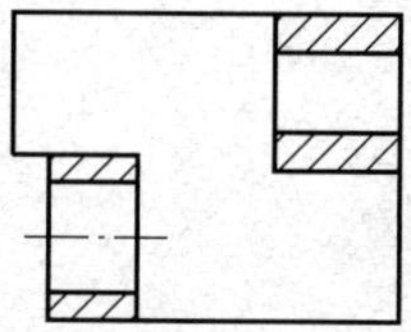

1—1

(a)

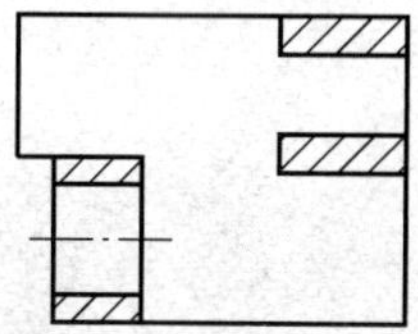

1—1

(b)

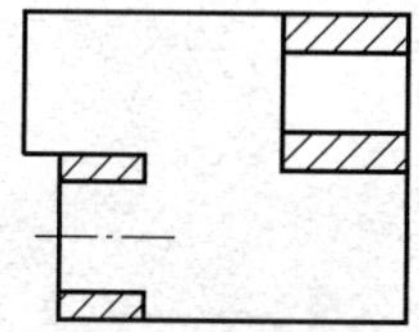

1—1

(c)

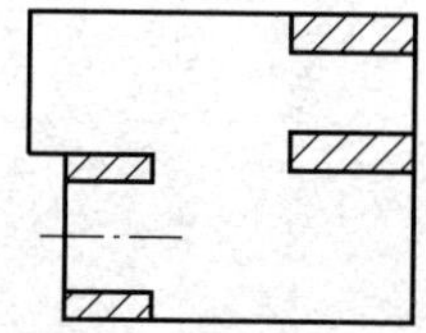

1—1

(d)

8-25 根据已知的平面图和 1—1 剖面图，给出的 2—2 剖面图中正确的是(　　)。

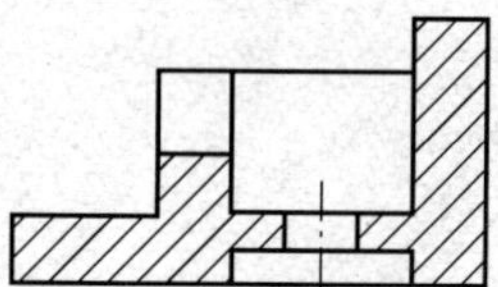

1—1

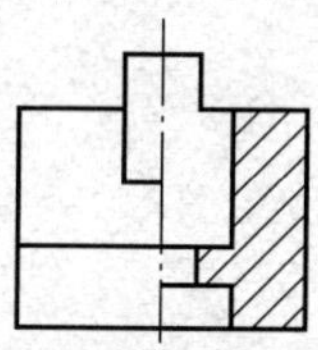

2—2

(a)

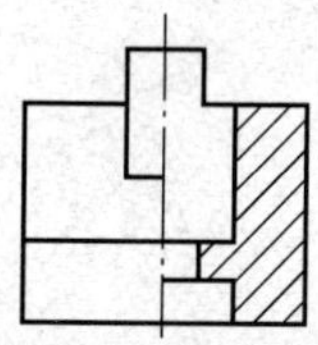

2—2

(b)

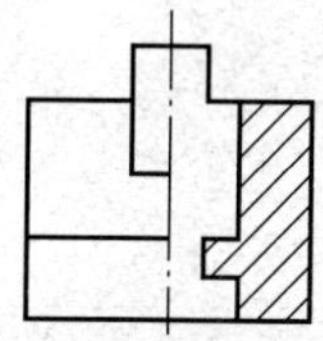

2—2

(c)

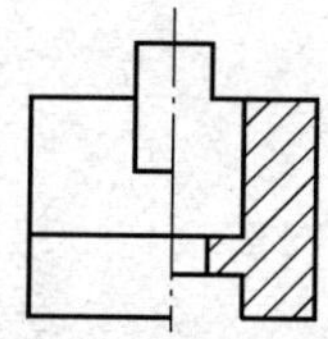

2—2

(d)

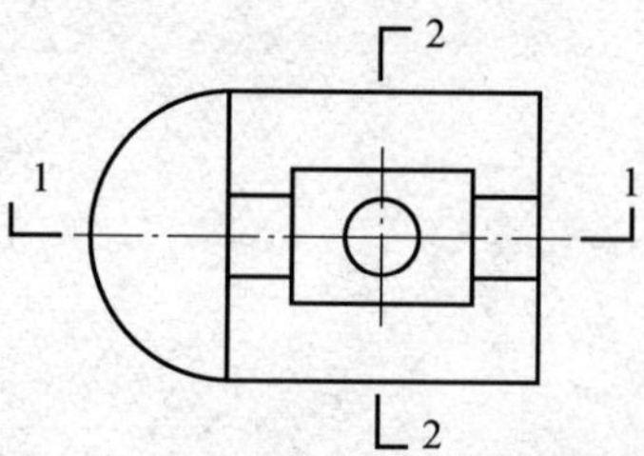

班级________　姓名________　学号________

8-26　在指定位置，作出 1—1 半剖面图。

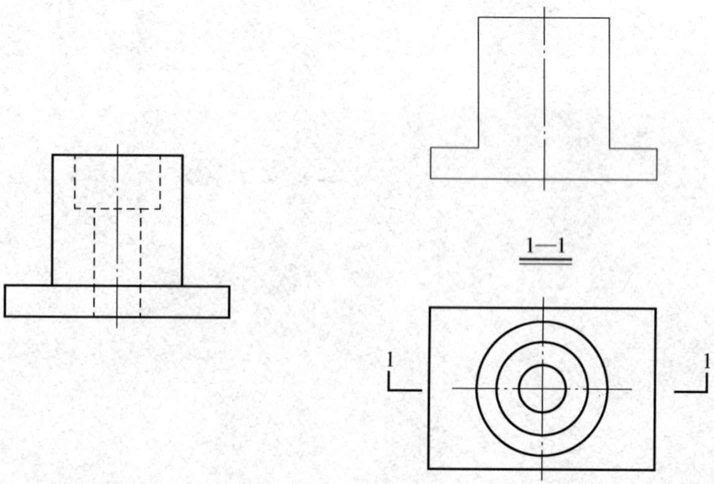

8-27　在指定位置，作出 1—1 阶梯剖面图。

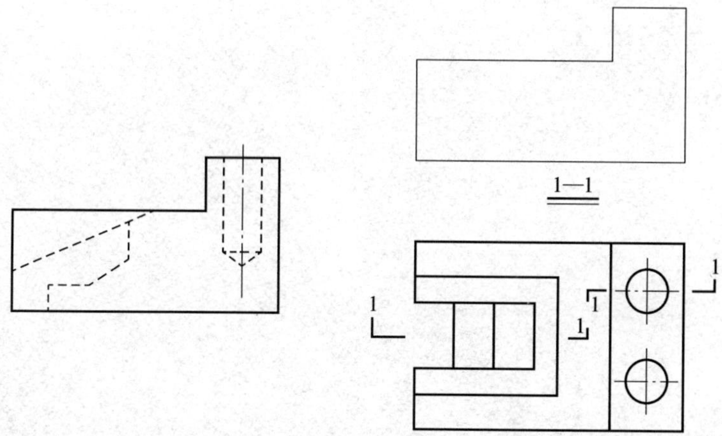

班级________ 姓名________ 学号________

8-28 在指定位置，作出 1—1、2—2、3—3 断面图。

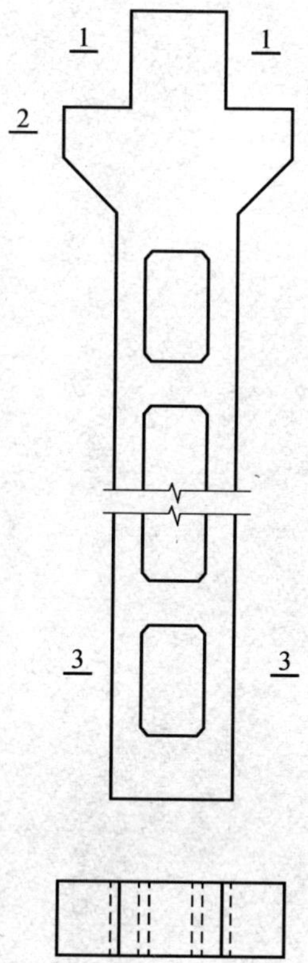

8-29 将形体的正立面图改画为全剖面图。

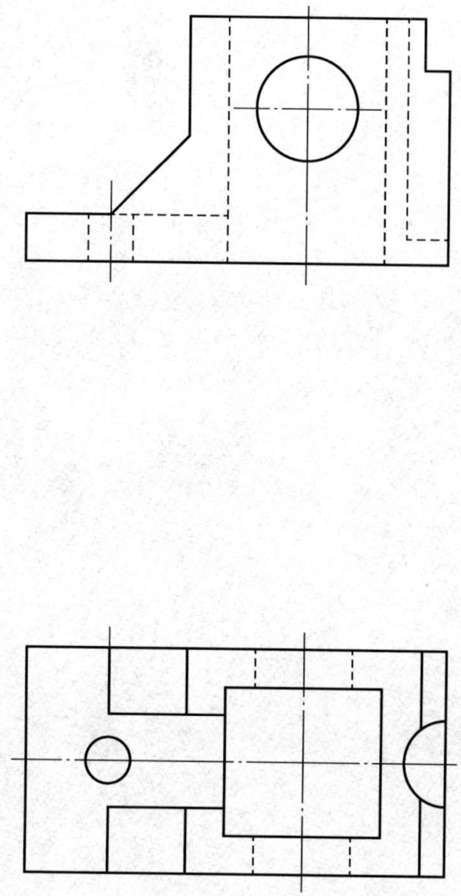

模块 9　钢筋混凝土结构图

班级________　姓名________　学号________

9-1　根据梁的立面图、钢筋简图，补全梁的 1—1 和 2—2 断面图，并注明钢筋的编号、规格。

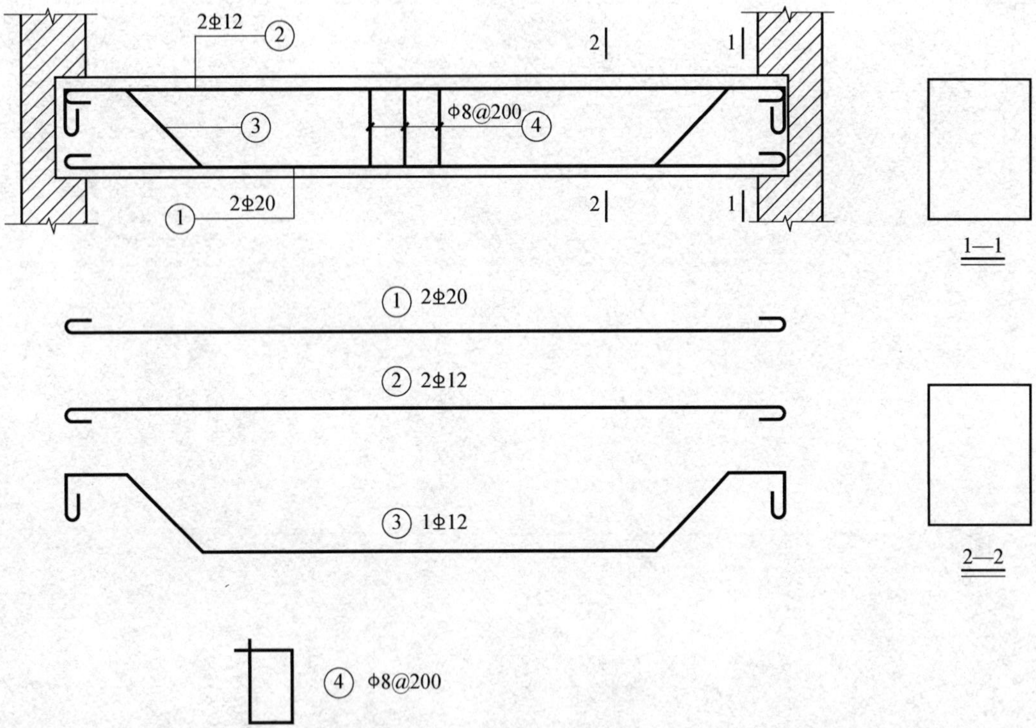

班级________　姓名________　学号________

9-2　填空题。

1. 用文字说明钢筋结构图中“$\frac{10\phi 6}{L=83@12}$③”符号的意义。

“③”表示 ______________,“10”表示 ______________,“ϕ6”表示 ______________,

“L=83”表示 ______________,“@12”表示 ______________。

2. 由于钢筋直接放置在空气中容易发生锈蚀,将钢筋放置在混凝土中可以起到防止钢筋锈蚀的作用,为了保证钢筋与混凝土之间的黏结力,钢筋外缘到构件表面留有一定厚度混凝土,这部分混凝土称为钢筋的 ______________。

3. 绘制钢筋结构图时,构件的轮廓用 ____________ 线表示,钢筋用 ____________ 线表示,钢筋的横截面用 ____________ 表示。

4. 按钢筋在整个结构中的作用不同,可将钢筋分为受力钢筋、____________、____________、____________、____________。

5. 对于光圆外形的受力钢筋,为了增加它与混凝土之间的黏结力,在钢筋端部做成 ______________________________________。

6. 钢筋弯钩的形式有 __________________________、__________________________ 和 __________________________ 三种。

班级________　姓名________　学号________

9-3　补全梁的 2—2、3—3 断面图，画全钢筋成型图（尺寸不注）并填写钢筋表。

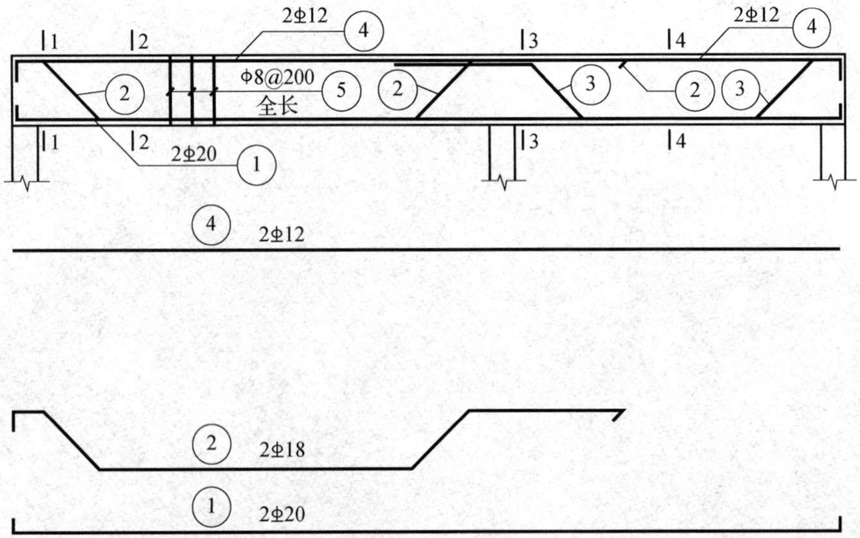

立面及成型钢筋图 1∶n

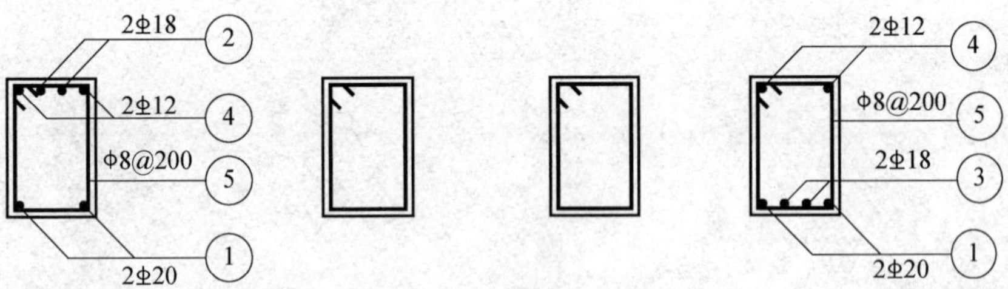

1—1 1∶m　　2—2 1∶m　　3—3 1∶m　　4—4 1∶m

钢筋表

编号	①	②	③	④	⑤
钢筋级别					
直径 /mm					
根数（或间距）					

班级________　姓名________　学号________

9-4 阅读钢筋混凝土梁的配筋图,填写钢筋表。

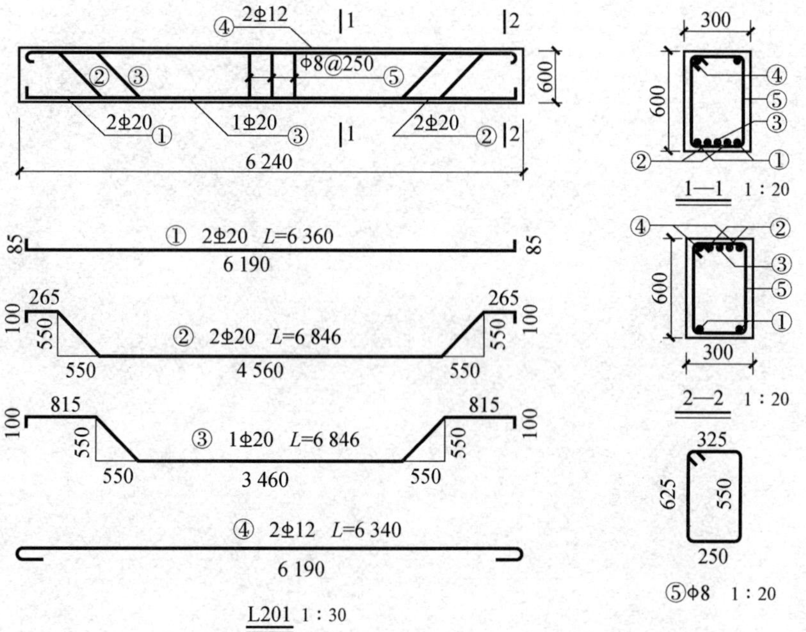

说明：

1.①②③号筋每米质量是 2.47 kg。

2.④号钢筋每米质量是 0.89 kg。

3.⑤号钢筋每米质量是 0.39 kg。

钢筋表

构件名称	构件数	钢筋编号	钢筋规格	简　图	长度/mm	每件根数	总根数	总长/m	重量/kg	总重/kg
L201	4	①								
		②								
		③								
		④								
		⑤								

模块 10　道路路线工程图

班级________　姓名________　学号________

10-1　阅读路线平面图,并回答问题(一)。

1. 该段路线的起点桩号为__________,终点桩号为____________,该段路线的大致走向是由_________到_____________方向。

2. JD_5 的平曲线半径是___________m,转折角为__________,向___________方向偏转。切线长为______m,曲线长为______m,缓和曲线长为________m,该曲线段的起点 ZH(直缓)、中点 QZ(曲中)、终点 HZ(缓直)点的桩号为__________、________、_________。

3. JD_5 所在位置的桩号为________,坐标为 X=___________m,Y=__________m。K12+900 至 K13+000 段是直线段还是曲线段? __________。

4. 图中相邻等高线的高差是__________m,路线左右两侧中__________侧较陡,________侧较低。该地区西北部的植物是______________,HZ 点的地面高程在__________m 与___________m 之间。

5. 指出图中的高压电力线、电话线及大车道。

班级________　姓名________　学号________

10-1 阅读路线平面图,并回答问题(二)。

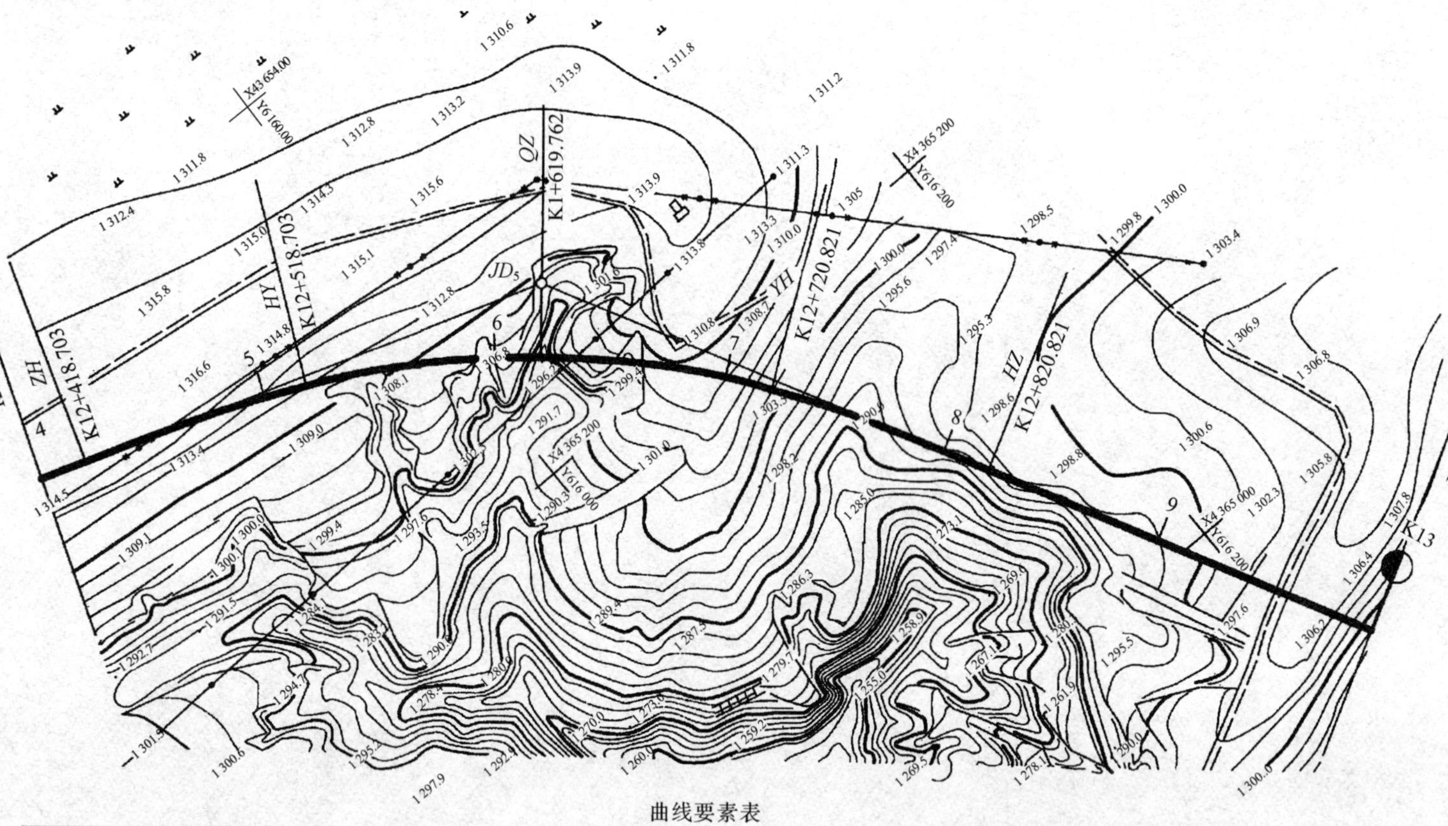

曲线要素表

交点号	交点坐标		交点桩号	转角值	曲线要素值 /m					
	X	Y			半径	缓和曲线长度	切线长度	曲线长度	外距	校正值
JD_5	4 365 265.201	616 047.613	K12+627.762	43°16′30.6″(Y)	400	100	209.062	402.118	31.443	16.006

路线平面图

班级________ 姓名________ 学号________

10-2 阅读路线平面图，并回答问题。

1. 在该道路工程中共有________张路线平面图，这是第________张，位于________________段。

2. 该地区东北方有一座小山峰，高约______m，西北方有一座小山峰，高约______m。在两山之间的山谷中，有一条白沙河，流向是__________。

3. 河流旁边有一名为_______的小村。该村周围北部是________地，_______是水田。图中虚线表示________，低压电力线在________地方。

共18页	第4页
K3+300~K5+200	

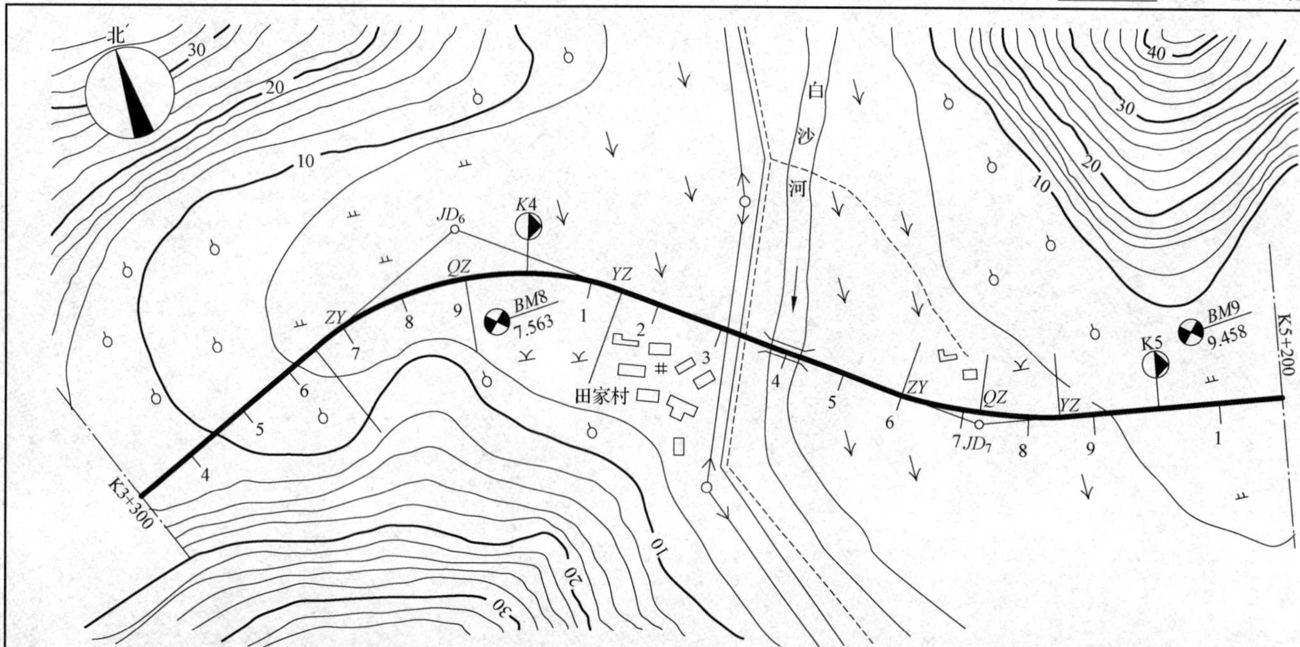

曲线要素表

No.	α Z	α Y	R	T	L	E
JD_6		58°25 10	500	279.55	590.81	72.84
JD_7	23°41 05		600	125.81	248.03	13.05

公路路线平面图

××高速公路开发总公司	××至××段	公路路线平面图	设计	×××	复核	×××	审核	×××	图号	×××	日期	×××

班级________　姓名________　学号________

10-3　阅读路线平面图，并回答问题。

1. 该段路线的起点桩号为__________，终点桩号为__________，该段路线的大致走向是由________到________方向。

2. JD_1 的平曲线半径是________m，转折角为________，向________方向偏转。切线长为________m，曲线长为________m，缓和曲线长为________m，该曲线段的起点 ZY（直缓）、中点 QZ（曲中）、终点 YZ（缓直）点的桩号为________、________、________。

3. K1+500 至 K1+000 段是直线段还是曲线段？__________。

4. 图中相邻等高线的高差是________m，路线左右两侧中________侧较陡，________侧较低。

5. 图中有几个道路水准点，分别说明其含义。

6. 图中有没有河流？若有，说明其流向。

7. 指出图中的高压电力线、电话线及大车道。

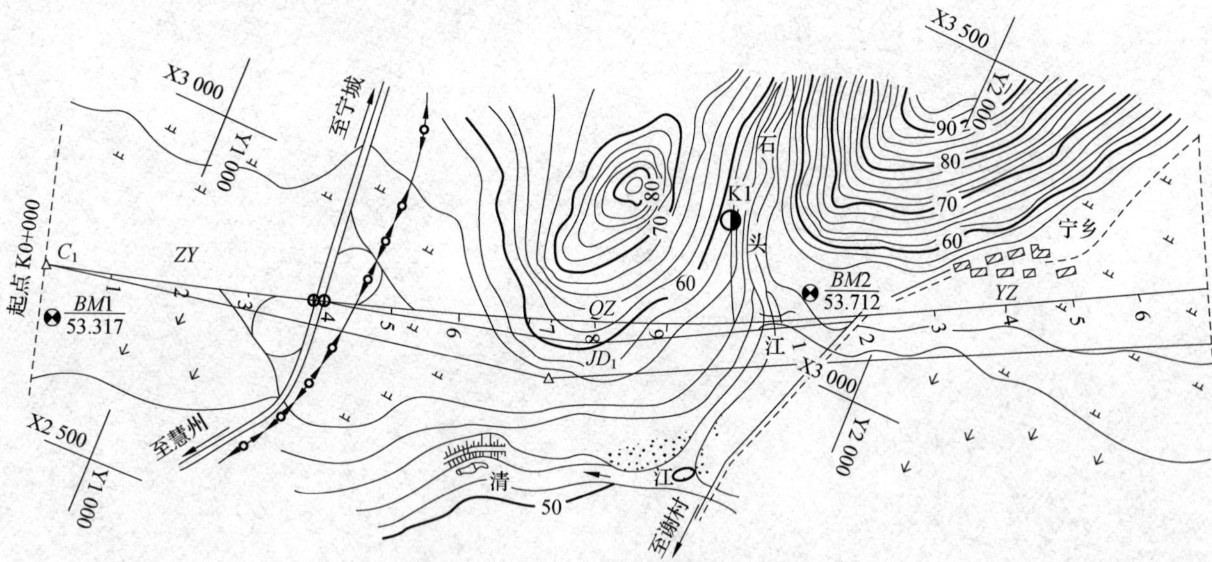

路线平面图

班级________　姓名________　学号________

10-4　阅读路线纵断面图，并回答问题。

图示为某公路 K4+800 至 K5+275 段的路线纵断面图。

1. 纵向比例和横向比例分别为多少？

2. 指出设计线和地面线。

3. 在 K4+865 处设有 R=1 000 m 的凹曲线，该竖曲线中点高程为多少？

4. 在纵断面图的资料表中，以简约的方式表示出平纵配合关系。在该栏中，以“—”表示________段；以“⌒”“⌣”或“⊔”“⊓”四种图样表示平曲线段，其中前两种表示设置缓和曲线的情况，后两种表示________情况，图样的凸凹表示曲线的转向，上凸表示________转曲线，下凹表示________________转曲线。

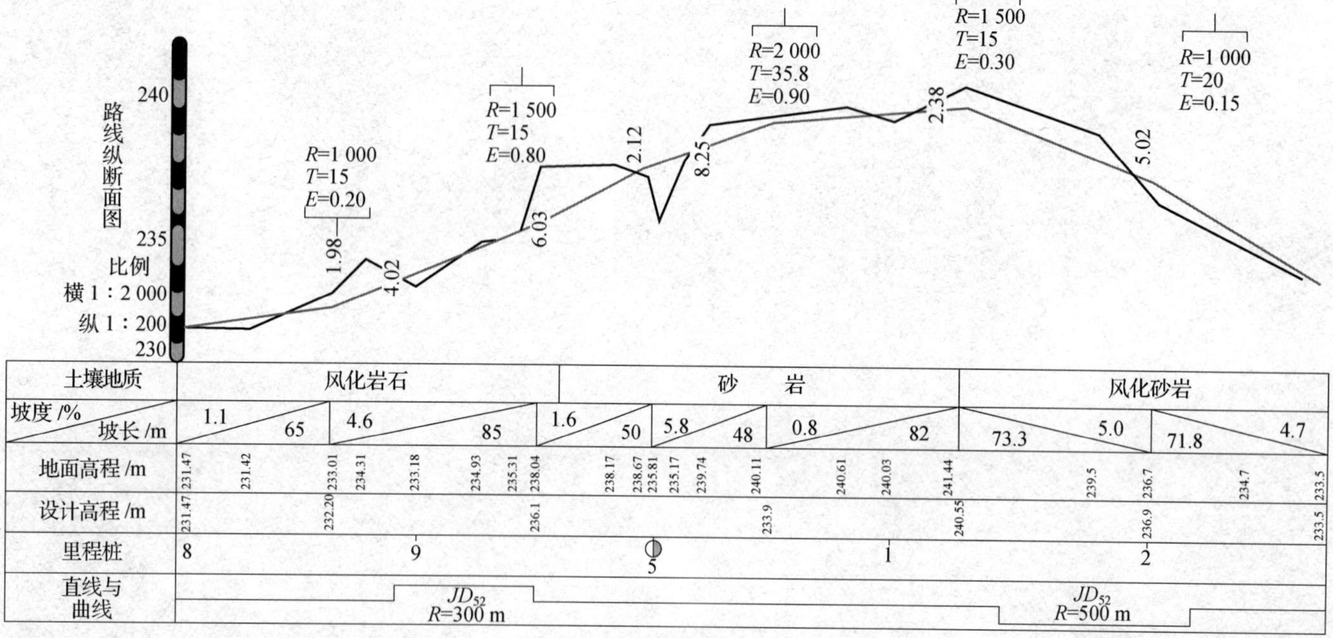

路线纵断面图

班级________ 姓名________ 学号________

10-5 选择题。

1. 图幅中的图框线应该用（ ）绘制。

A.粗实线 B.中实线 C.细实线 D.虚线

2. 路线工程图中的里程桩之间的标记以（ ）为单位。

A.毫米 B.厘米 C.分米 D.米

3. 投影面的平行线有（ ）种。

A.一 B.两 C.三 D.四

4. 水准点的代号是（ ）。

A.*B* B.*ZH* C.*BM* D.*YH*

5. 道路路基的横断面图应按（ ）排序进行绘制。

A.填方量的大小 B.百米桩顺序

C.挖方量的大小 D.里程桩号位置

6. 工程中常用的钢筋分类为（ ）种。

A.五 B.四 C.三 D.两

7. 剖面图中的剖切符号用（ ）绘制。

A.粗实线 B.中实线 C.细实线 D.虚线

8. 标注尺寸时，尺寸数字的大小一般应选（ ）号字。

A.3.5 B.5 C.7 D.10

9. 绘制投影图的规律是（ ）。

A.长对正 B.宽相等

C.高平齐 D.长对正、高平齐、宽相等

10. 正平线应平行于（ ）投影面。

A.正面 B.水平面 C.侧立面 D.任意面

11. 投影面的垂直线有（ ）种。

A.一 B.两 C.三 D.四

12. 道路路线工程图中的里程桩号一般以（ ）为单位进行编号。

A.100 mm B.100 cm C.100 m D.1 km

13. 国家标准规定的工程字体（汉字）高度有（ ）种。

A.四 B.五 C.六 D.七

14. 道路路线的平面图除有设计路线外，还应包括（ ）。

A.剖面图 B.剖面图和资料表

C.断面图 D.地形地物和相关资料

15. 道路路线工程图中的交角点以（ ）表示。

A.*JD* B.*J* C.*BM* D.*B*1

16. 剖面图中的剖面符号一般规定用（ ）细实线绘制。

A.35° B.45° C.60° D.75°

17. 标注尺寸时尺寸界线应超出尺寸线（ ）mm。

A.5 ~ 10 B.4 ~ 6 C.3 ~ 5 D.2 ~ 3

18. 形体的尺寸分为（ ）类。

A.两 B.三 C.四 D.五

19. 钢筋等间距符号为（ ）。

A.N B.@ C.d D.n

20. 标注尺寸时，各道尺寸的间距一般应为（ ）mm。

A.3 ~ 5 B.7 ~ 10 C.10 ~ 15 D.15 ~ 20

模块 *11*　桥梁工程图

班级________　姓名________　学号________

11-1　参照桥梁立体图阅读桥梁总体布置图,并回答下列问题(一)。

1. 该桥起点的桩号为________,终点桩号为________,桥跨中心位于________桩号处。全桥共________跨,每孔跨径均为________m。

2. 从侧面图中可以看出,桥面净宽为____________m,桥面总宽为______________m,由______________块钢筋混凝土空心板拼接而成,桥面的横向坡度为______________。

3. 该桥的上部结构为钢筋混凝土空心板。下部结构为柱式墩台,基础为________,0 号桥台的桩基础高度为________m。

4. 1 号桥墩的墩柱高度为______m,墩柱直径为_____cm,桩柱直径为________cm,柱底标高为______m,桩顶标高为________m。

5. K0+55.50 桩号处的地面标高为__________m,K0+37.00 处的桥面设计标高为____________m。

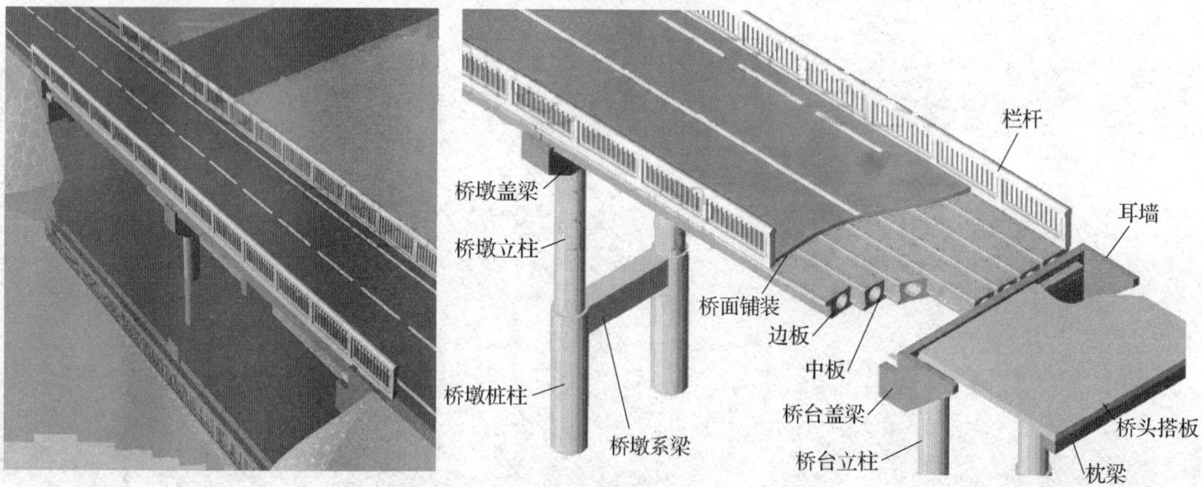

桥梁立体图

班级________　姓名________　学号________

11-1　参照桥梁立体图阅读桥梁总体布置图，并回答下列问题（二）。

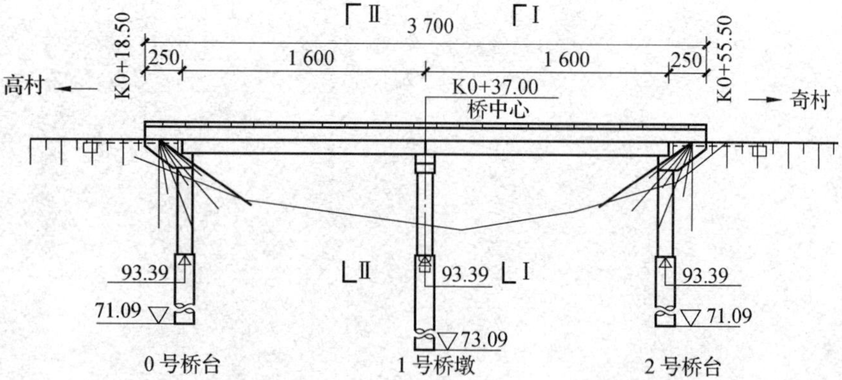

平面图

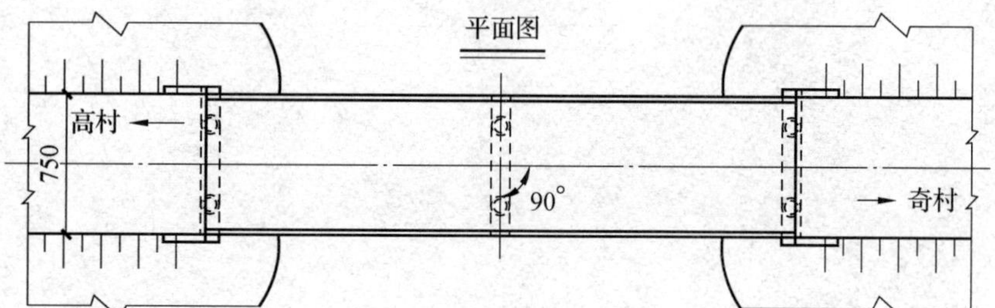

坡度/%	0					
设计标高	100.080		100.08		100.08	
地面标高	100.083	96.303	94.390	96.380	99.960	100.070
桩号	K0+20.00	K0+25.50	K0+40.00	K0+47.50	K0+54.34	K0+60.00

立面图

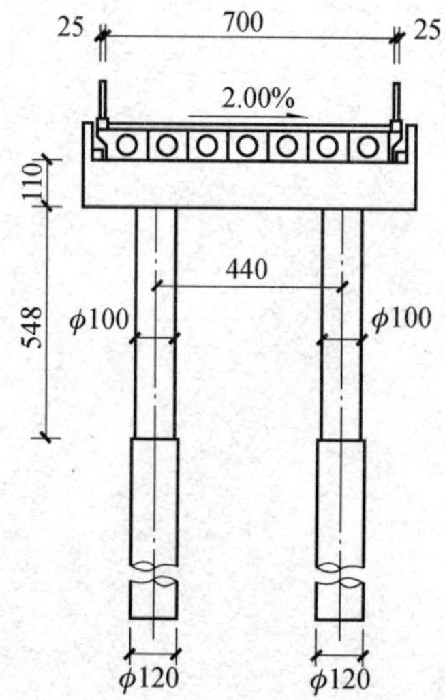

Ⅰ—Ⅰ

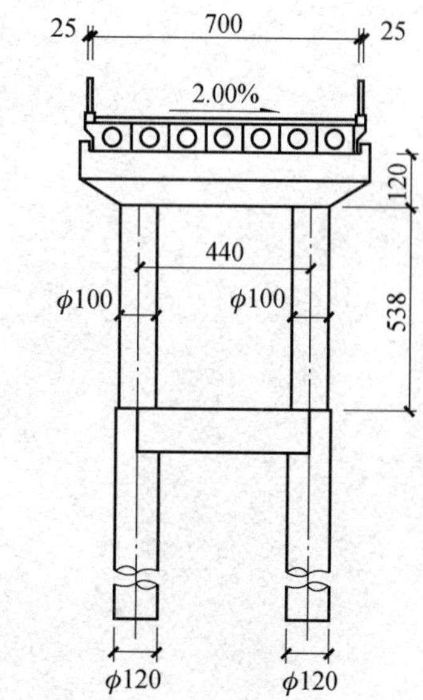

Ⅱ—Ⅱ

注：

1. 本图尺寸除桩号及标高以米(m)计外，其余均以厘米(cm)计。
2. 设计荷载为公路Ⅱ级。桥面净宽为 7.00 m。
3. 本桥为 2 孔 16 m 中桥。上部为钢筋混凝土空心板，下部为桩式墩台，钻孔灌注桩基础。
4. 桥两侧各修筑护坡 5 m，总长 25 m；需 7.5 号浆砌片石 182 m^3，砂砾垫层 33.8 m^3，挖基土方 75 m^3。

桥梁总体布置图

班级________　姓名________　学号________

第三次大作业指示书

一、目的

(1) 熟悉钢筋混凝土空心板的构造。

(2) 熟悉和掌握钢筋混凝土空心板的画法。

二、图名和图号

(1) 图名：钢筋混凝土空心板构造图。

(2) 图号：11-01。

三、内容及要求

1. 内容

绘制钢筋混凝土空心板图。

2. 要求

(1) 图幅为 A3。

(2) 比例。自选合适的比例。

(3) 图线。用铅笔绘制，粗实线线宽为 0.5 mm，细实线线宽为 0.25 mm，虚线线宽为 0.25 mm，尺寸线、剖面线、示坡线等均用细实线。

(4) 字体。长仿宋字，图名用 7 号汉字，其他汉字用 5 号字，比例、尺寸数字、字母用 3.5 或 2.5 号字。

四、作图步骤及说明

(1) 画图前仔细读懂所绘图样，掌握钢筋混凝土空心板的投影特性。

(2) 选取适当的比例，合理按比例安排各图的位置。

(3) 确定各图的基准线。

(4) 先画中板断面图、边板断面图，再画立面图，最后画平面图。由中板断面图、立面图绘制中板平面图，由边板断面图、立面图绘制边板平面图。

(5) 画细部线条。

班级________　姓名________　学号________

第三次大作业图

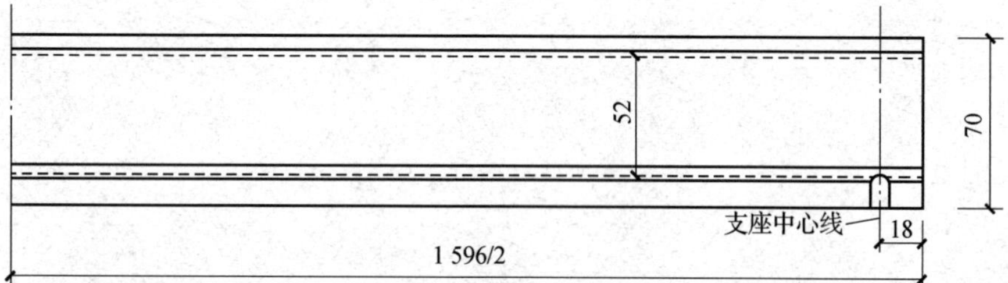

半立面

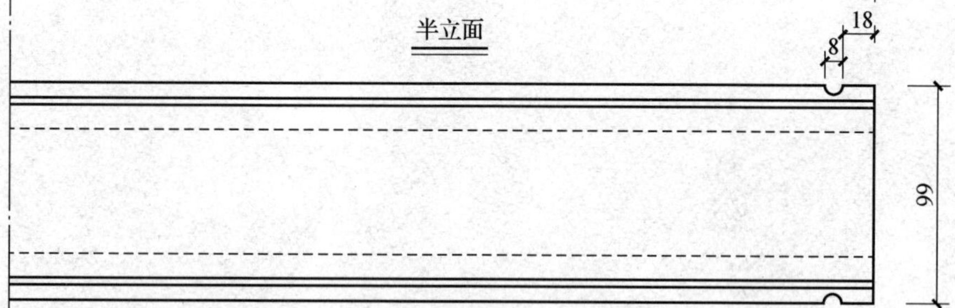

半平面（中板）

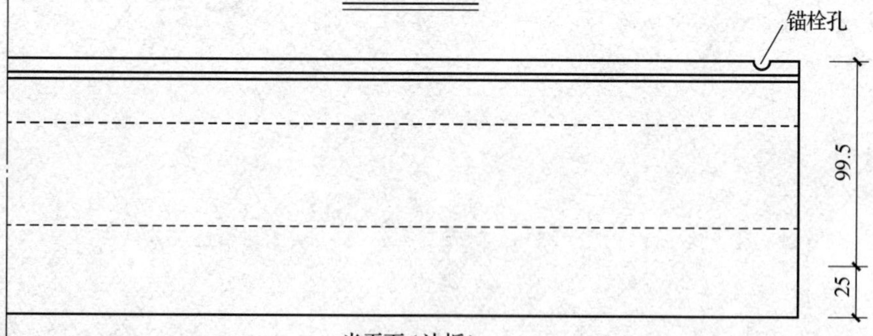

半平面（边板）

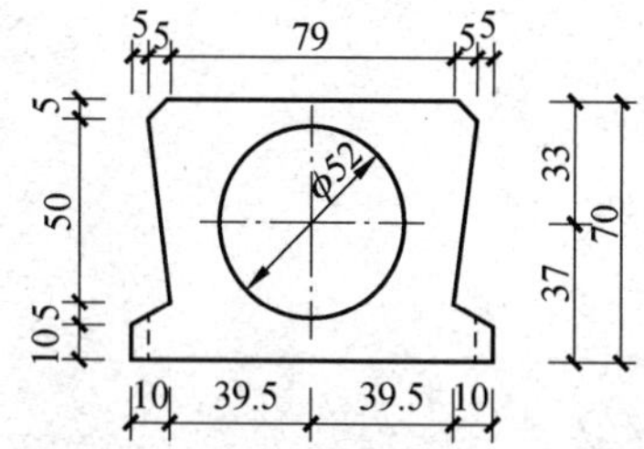

中板断面图

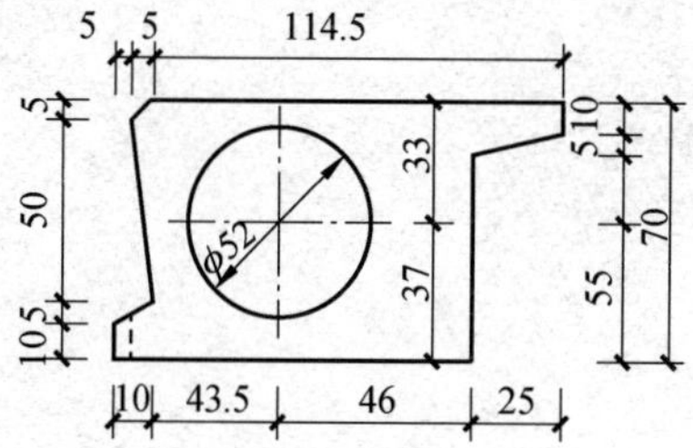

边板断面图

注：图中尺寸以厘米 (cm) 计。

班级________　姓名________　学号________

第四次大作业指示书

一、目的

(1) 熟悉桥墩的构造。

(2) 熟悉和掌握桥墩图的画法。

(3) 掌握用适当的方法表达桥涵工程图的形状,并标注尺寸。

二、图名和图号

(1) 图名：墩顶构造图。

(2) 图号：11-02。

三、内容及要求

1. 内容

绘制墩顶构造图。

2. 要求

(1) 图幅为 A3,比例自定。

(2) 线型。粗实线要求 b=0.7 mm,其他线型的宽度按规定画出。

(3) 字体。标题栏的填写与第一次大作业指示书相同,每个视图的名称用 10 号长仿宋体字。剖切位置的数字均用 5 号字,图中尺寸数字均用 3.5 号字。

(4) 材料分界线用中粗虚线。

3. 图面质量

(1) 全图应布置均匀,各图样之间的投影关系要正确,作图准确,线型分明,尺寸标注完整、正确、清晰。

(2) 断面图标注要正确。

四、作图步骤及说明

(1) 仔细阅读桥涵工程图的有关规定画法,在读懂图的基础上开始画图。

(2) 具体画法。建议先画侧面图,再画正面图,以便准确绘制垫石。绘制墩身时,注意正面图中双点画线的画法。

班级________　姓名________　学号________

第四次大作业图

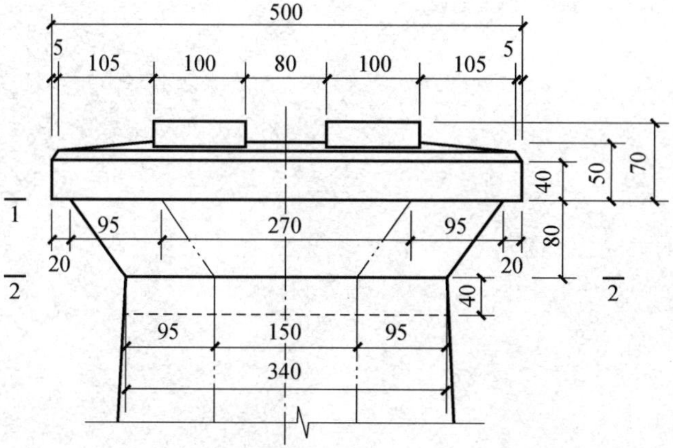

正面图

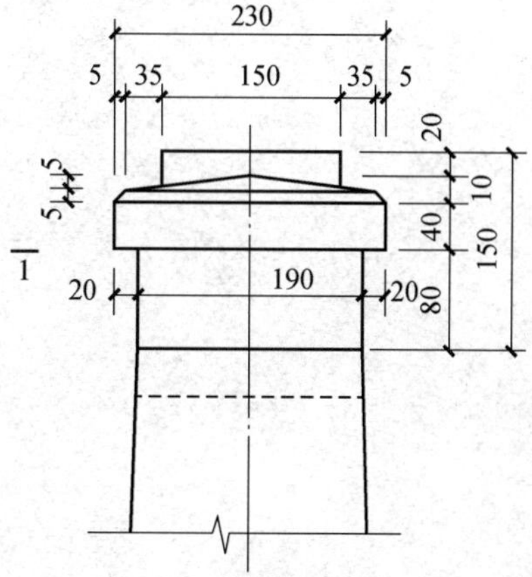

侧面图

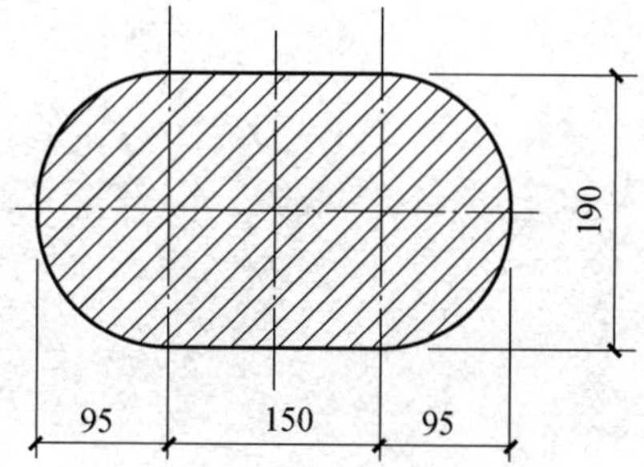

2—2 断面图

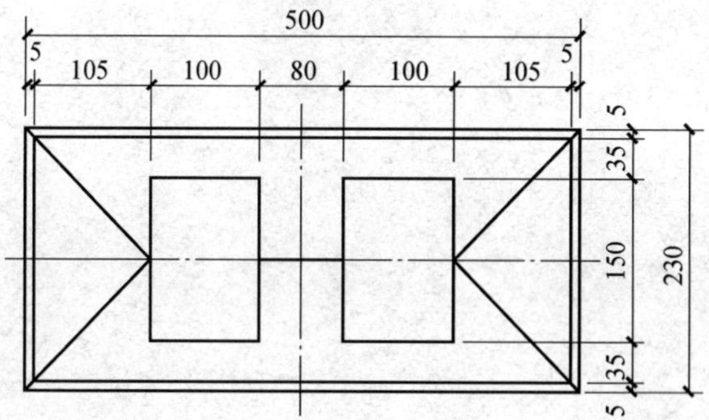

平面图

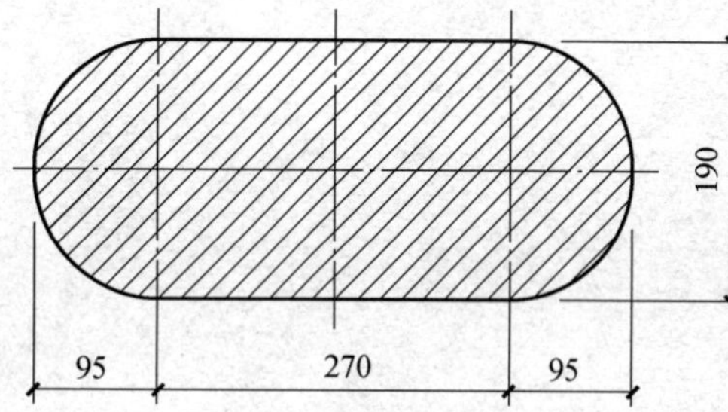

1—1 断面图

注：

1. 本图尺寸以厘米 (cm) 计。
2. 墩帽钢筋布置图另见详图。

模块 *12*　涵洞工程图

班级________　姓名________　学号________

12-1　参照钢筋混凝土圆管涵立体图阅读钢筋混凝土圆管涵一般构造图，并回答下列问题（一）。

1. 混凝土圆管直径为________cm，圆管壁厚为________cm，洞口铺砌的厚度为________cm，洞口铺砌的水平形状为________形。

2. 圆管涵底部在道路中心线处的标高为________m，左右两侧中侧为进洞口，进洞口采用______形式的洞口。

3. 缘石、洞口铺砌、端墙、端墙基础、截水墙、防水层的材料分别为__________、__________、__________、__________、__________、__________、__________。

4. 全涵有________种长度的圆管，________m长度的有________节，________m长度的有________节。涵洞全长范围内设沉降缝__________道，其位置以设在________为宜。

5. 该钢筋混凝土圆管涵路基边坡的坡度为__________。

6. 该钢筋混凝土圆管涵洞顶道路中心线填土高度为________cm，属于暗涵，路面宽度为________cm。

7. 涵洞轴线处道路中心路基的设计标高为________m，涵洞轴线处路基边缘的设计标高为________m。

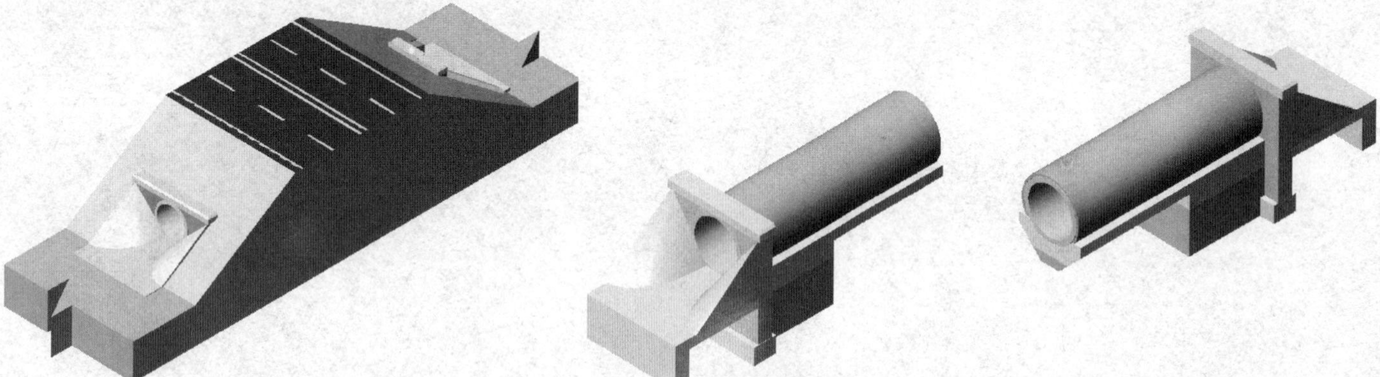

钢筋混凝土圆管涵立体图

班级________　姓名________　学号________

12-1　参照钢筋混凝土圆管涵立体图阅读钢筋混凝土圆管涵一般构造图，并回答下列问题（二）。

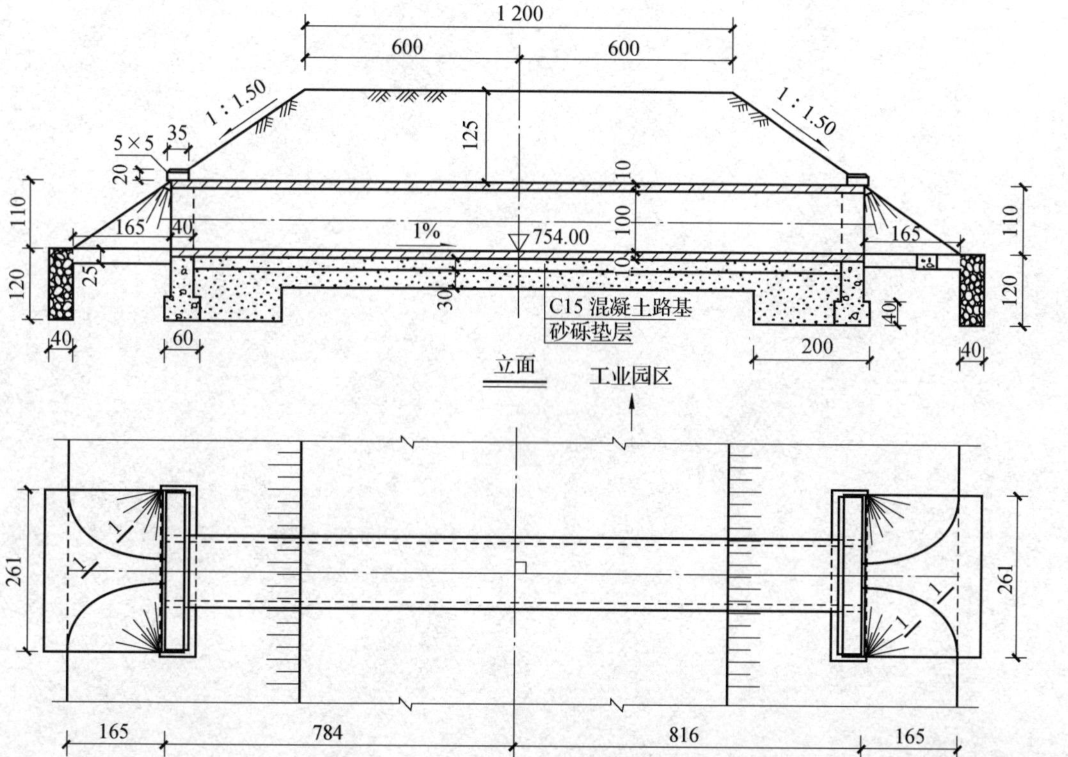

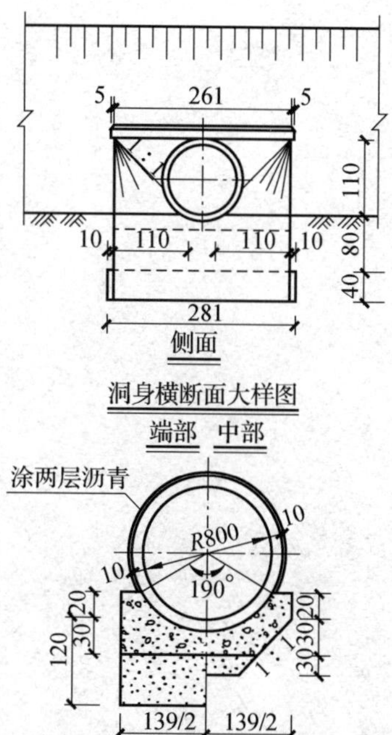

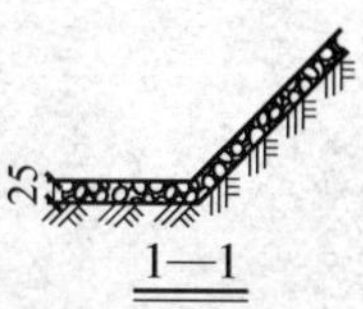

注：

1. 本图尺寸除标高以米（m）计外，其余均以厘米（cm）计。
2. 洞全长范围内设沉降缝 3~4 道，其位置以设在路基中部和行车道外侧为宜。
3. 路基混凝土可分两次浇筑，先浇筑底下部分，注意预留管壁厚度及支放管节座浆混凝土 2~3 cm，待支放管节后再浇筑管底以上部分。

钢筋混凝土圆管涵一般构造图

工程数量表

工程项目名称	单位	数量
C15 混凝土端墙墙身	m^3	3.07
C20 混凝土端墙基础	m^3	1.35
C15 混凝土路基	m^3	6.12
C15 混凝土墙帽	m^3	0.38
砂砾垫层	m^3	5.77
7.5 号浆砌片石洞口铺砌	m^3	0.73
7.5 号浆砌片石隔水墙	m^3	2.51
5 号浆砌片石锥坡	m^3	1.37
锥心填土	m^3	0.72
2 m 管节个数	个	8

班级________　姓名________　学号________

12-2　参照涵洞沉降缝施工图片，说明涵洞为何要设置沉降缝。

12-3　参照涵洞防水层施工图片，试简述涵洞防水层的作用。

班级________　姓名________　学号________

第五次大作业指示书

一、目的

(1) 熟悉涵洞的构造。

(2) 熟悉和掌握涵洞图的画法。

(3) 掌握用适当的方法表达桥涵工程图的形状，并标注尺寸。

二、图名和图号

(1) 图名：端墙式涵洞出入口构造图。

(2) 图号：12-01。

三、内容及要求

1. 内容

端墙式涵洞出入口构造图。

2. 要求

(1) 图幅为 A3，比例自定。

(2) 线型。粗实线要求 b=0.7 mm，其他线型的宽度按规定画出。

(3) 字体。标题栏的填写与第一次大作业指示书相同，每个视图的名称用 10 号长仿宋体字书写。剖切位置的数字均用 5 号字，图中尺寸数字均用 3.5 号字。

(4) 中心纵剖面图中的路基线、黏土覆盖层与路基分界线、洞门铺砌线、圆管每米连接处用粗实线画出。

3. 图面质量

(1) 全图应布置均匀，各图样之间的投影关系要正确，作图准确，线型分明，尺寸标注完整、正确、清晰。

(2) 断面图的绘制和标注要正确。

四、作图步骤及说明

(1) 仔细阅读涵洞工程图的有关规定画法，在读懂图的基础上开始画图。

(2) 具体画法。建议先画侧面图，再画中心纵剖面图和半平面图及半 1—1 剖面图，若尺寸必须标注在材料图例内，则把材料图例断开，以保证数字清晰。

班级________　姓名________　学号________

第五次大作业图

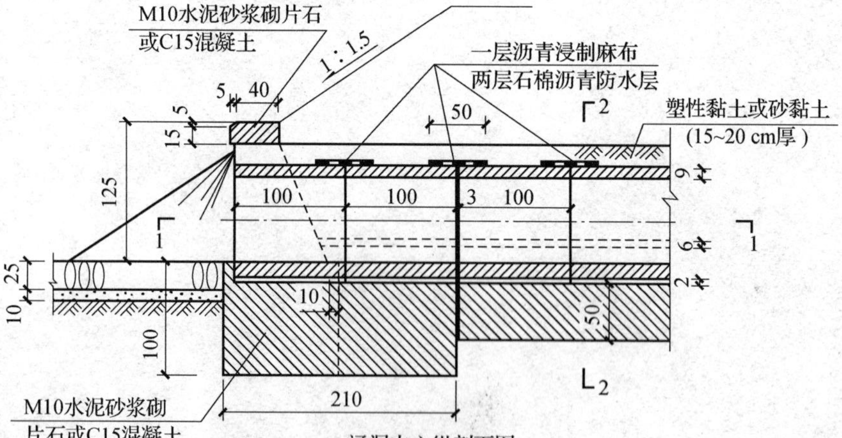

涵洞中心纵剖面图

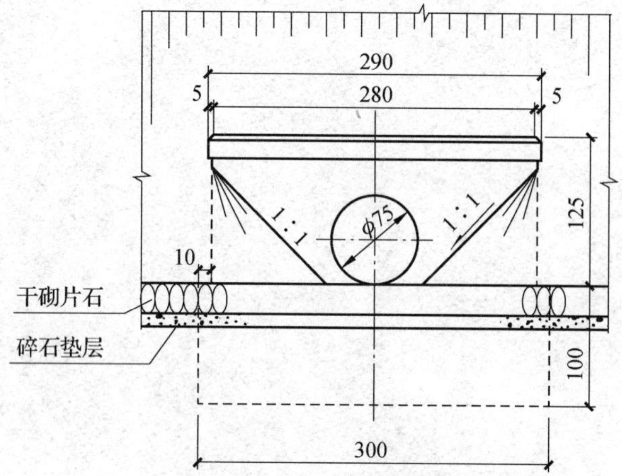

侧面图

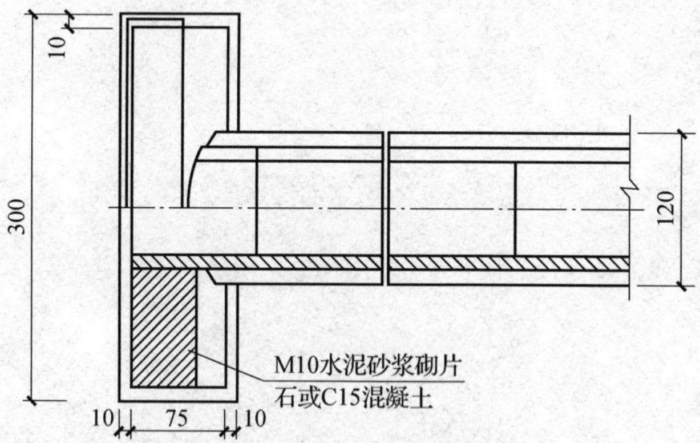

半平面图及半1—1剖面图

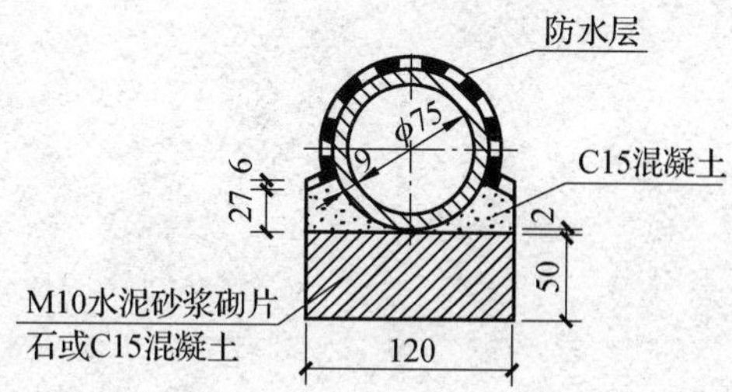

2—2

注:
1.本图尺寸以厘米(cm)计。
2.管节使用材料及钢筋布置图另见详图。

模块 *13*　隧道工程图

班级________　姓名________　学号________

13-1 阅读端墙式隧道洞门图,并回答下列问题(一)。

1. 正面图是沿线路方向对隧道洞门进行投射而得到的图形。在正面图上可以表示出洞门衬砌的形状是________,端墙的高度是________cm,长度是________cm,端墙顶水沟的坡度是________。

2. 平面图上仅画出了洞门外露部分的投影。从平面图上还可以看出洞门墙顶帽的宽度,洞顶排水沟的构造及洞门口外两边沟________的位置。由于端墙向________倾斜,所以平面图与正面图是类似形。

3. 1—1 剖面图是沿着隧道中心线剖切而得到的。从图中可以看出洞门墙倾斜坡度是________,洞门墙厚度是________cm,拱圈厚度是________cm,并可看出排水沟的断面形状。

4. 简述端墙为什么以一定坡度倾向山体。

5. 简述隧道洞门的几种形式。

6. 简述隧道洞门的结构与周围的什么环境有关。

班级________　姓名________　学号________

13-1 阅读端墙式隧道洞门图,并回答下列问题(二)。

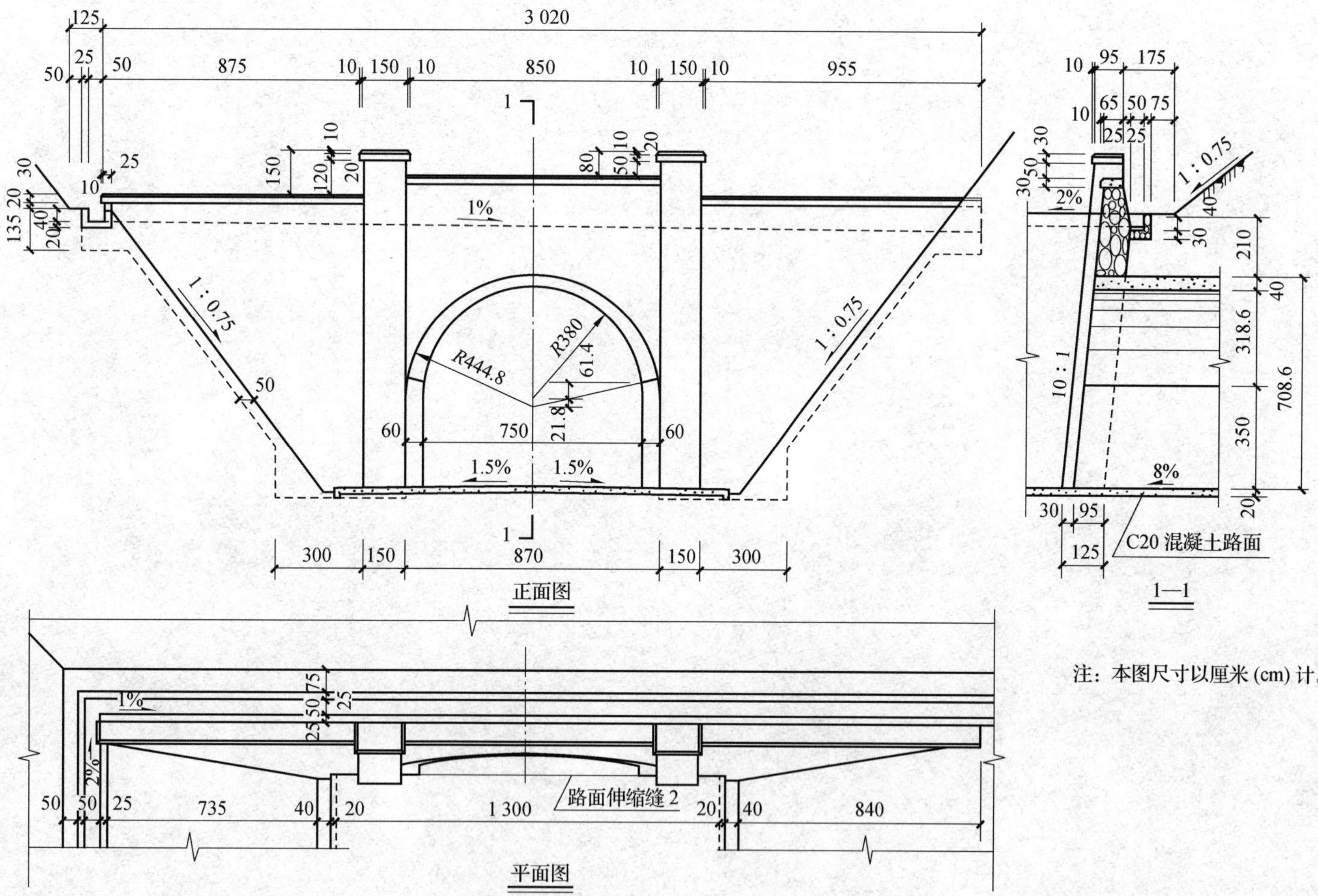

正面图

1—1

平面图

注：本图尺寸以厘米(cm)计。

端墙式隧道洞门图

班级________　姓名________　学号________

13-2　阅读隧道平面图和隧道纵断面图，并回答下列问题（一）。

1. 从隧道平面图中可以看出，地形平面图由 __________ 线绘出。结合图例可知隧道地区工程地质平面分布情况及地质年代和节理产状。隧道平面在山体里面，故投影为不可见，画 __________ 线。隧道进口里程桩号为 __________，出口里程桩号为 __________。该隧道位于直线段，其导线点坐标值见图面左下角的导线点坐标表。高程控制点 *BM* 位于隧道出口原小路附近。从地形图中可见隧道出口端山体地形略 __________（高或低）于进口端。

2. 隧道纵断面图主要反映洞口设计标高、纵坡形式和竖曲线及其大小。在纵断面图上给出的反映山体地面的起伏状况及地质围岩类别的分布情况、断层走向和洞身衬砌形式的段落划分情况。从隧道纵断面中可以看出岩体地质为黏质粉土覆盖花岗岩，隧道采用 ________ 的单坡，洞身拱顶衬砌厚 ____________cm。纵断面图上也表示了洞门的侧面，左侧树立一标高比例尺，以便与纵断面图对照校核。图样下半部分是一个表格栏，反映 ____________、____________ 形式、____________ 高程、____________ 高程及对应的里程桩号，最下边是 ____________ 及附注说明。

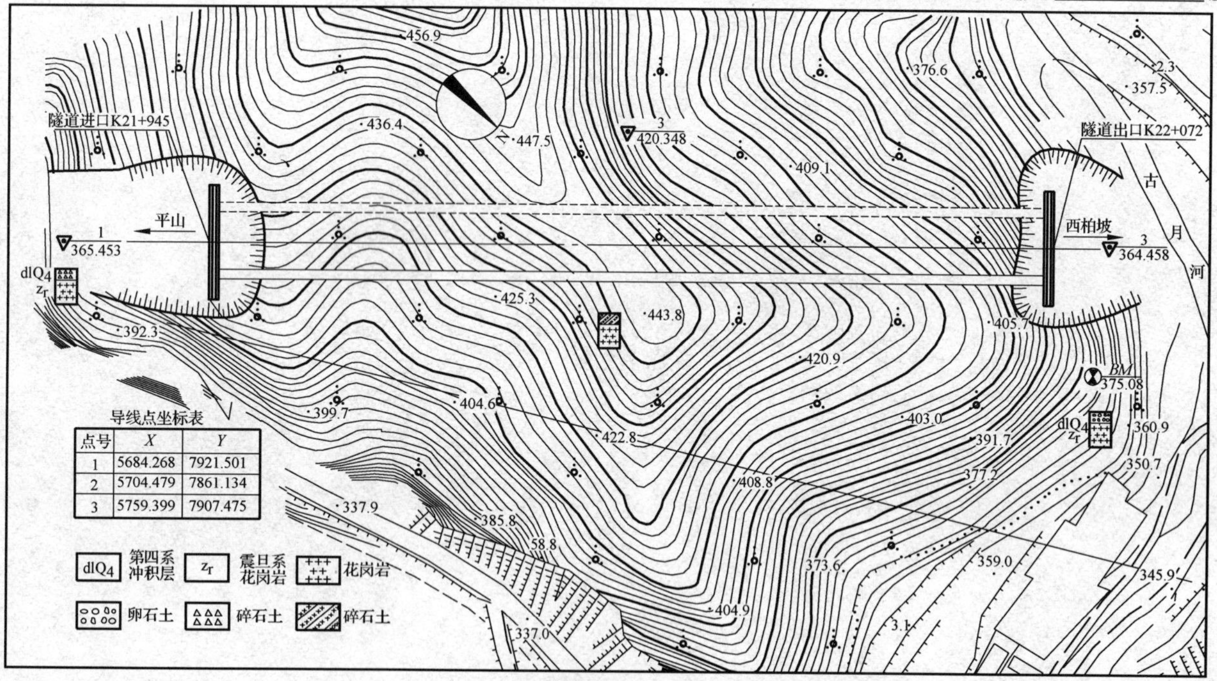

导线点坐标表

点号	X	Y
1	5684.268	7921.501
2	5704.479	7861.134
3	5759.399	7907.475

隧道平面图

班级________ 姓名________ 学号________

13-2 阅读隧道平面图和隧道纵断面图，并回答下列问题（二）。

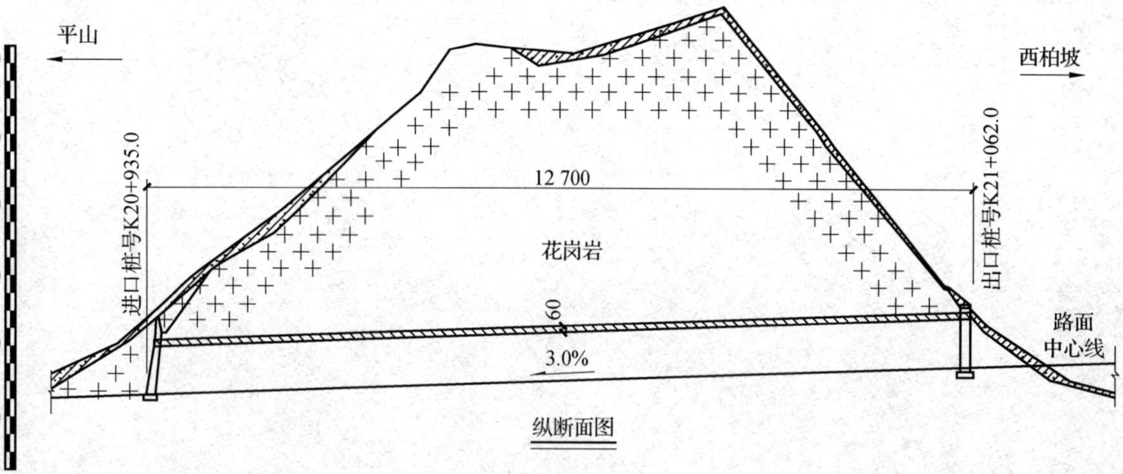

纵断面图

1	围岩类别						S=iV					S=V					S=iV							
2	衬砌形式					明洞	直墙式变截面圆拱					直墙式等截面圆拱					直墙式变截面圆拱	明洞						
3	坡度/% 坡长/m	3.0 350																						
4	设计高程	470.50	470.71	470.84	470.93	471.05	471.71	471.29	471.42	471.55	471.17	472.23	472.35	472.48	475.29	573.63	474.69	474.73	474.81	474.87	475.96	475.05	475.29	475.65
5	地面高程	474.44	476.81	476.81	481.92	484.74	488.17	490.63	493.52	496.27	499.95	514.16	519.48	520.63	519.43	526.13	486.89	486.37	483.70	480.88	479.25	477.49	472.69	470.31
6	里程桩号	K20+923	+923.60	+938.60	+935.05	+938.60	+942.40	+946.29	+950.58	+954.00	+959.00	+976.00	+980.00	+984.58	K21 +000.00	K21 +022.90	+058.31	+059.50	+062.00	+064.00	+067.00	+070.00	+078.00	+090.00

图例 黏质粉土 花岗岩

注：
1.本图尺寸以厘米(cm)计，高程及桩号以米(m)为单位。
2.衬砌形式为直墙式单心圆周拱。
3.设计高程为路面中心。

班级________　姓名________　学号________

第六次大作业指示书

一、目的

(1) 熟悉隧道的构造。

(2) 熟悉和掌握隧道工程图的画法。

(3) 掌握用适当的方法表达桥涵工程图的形状,并标注尺寸。

二、图名和图号

(1) 图名：隧道洞门图。

(2) 图号：13-01。

三、内容及要求

1. 内容

绘制隧道洞门图。

2. 要求

(1) 图幅为 A3,比例自定。

(2) 线型。粗实线要求 b=0.5 mm,其他线型的宽度按规定画出。

(3) 字体。标题栏的填写与第一次大作业指示书相同,每个视图的名称用 10 号长仿宋体字书写。剖切位置的数字均用 5 号字,图中尺寸数字均用 3.5 号字。

(4) 注意起拱线的画法。

3. 图面质量

(1) 全图应布置均匀,各图样之间的投影关系要正确,作图准确,线型分明,尺寸标注要正确、完整、清晰。

(2) 断面图的绘制和标注要正确。

四、作图步骤及说明

(1) 仔细阅读隧道工程图的有关规定画法,在读懂图的基础上开始画图。

(2) 具体画法。建议先画出各段弧的圆心,再画其他弧。

班级________ 姓名________ 学号________

第六次大作业图

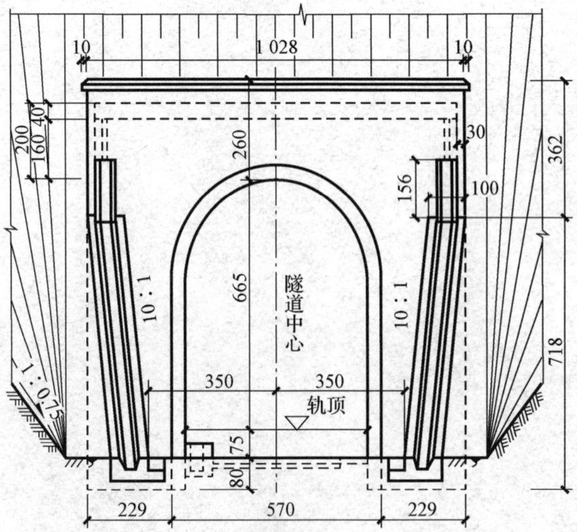

正面图

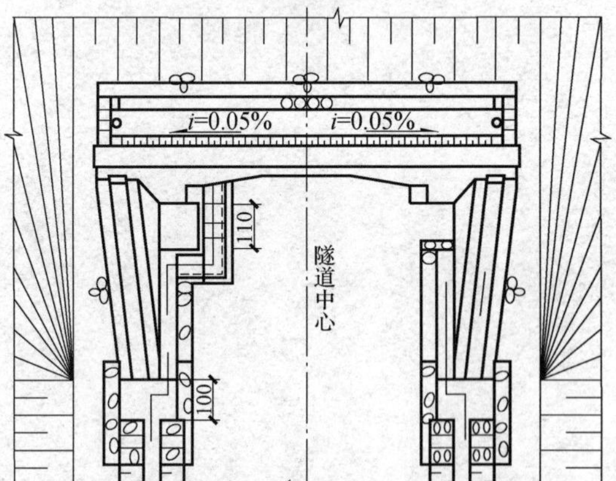

平面图

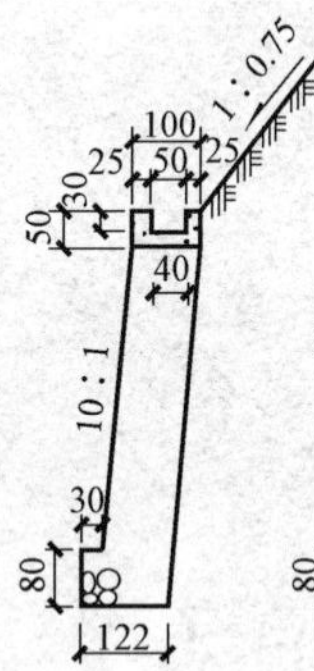

2—2

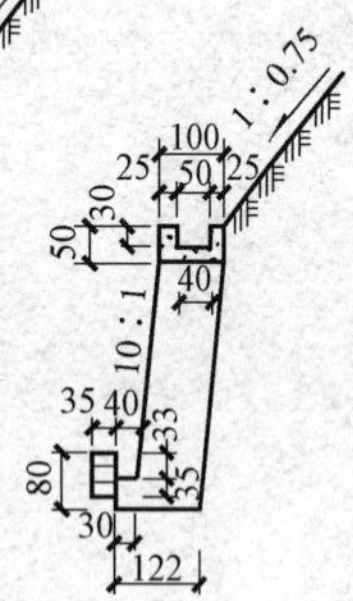

3—3

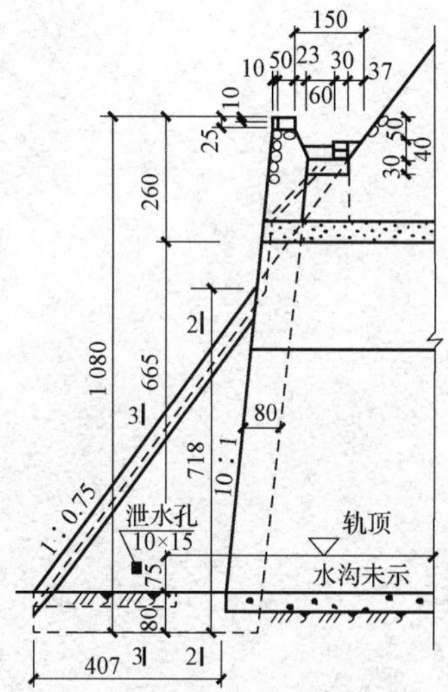

1—1